essentials

essentials liefern aktuelles Wissen in konzentrierter Form. Die Essenz dessen, worauf es als „State-of-the-Art" in der gegenwärtigen Fachdiskussion oder in der Praxis ankommt. *essentials* informieren schnell, unkompliziert und verständlich

- als Einführung in ein aktuelles Thema aus Ihrem Fachgebiet
- als Einstieg in ein für Sie noch unbekanntes Themenfeld
- als Einblick, um zum Thema mitreden zu können

Die Bücher in elektronischer und gedruckter Form bringen das Expertenwissen von Springer-Fachautoren kompakt zur Darstellung. Sie sind besonders für die Nutzung als eBook auf Tablet-PCs, eBook-Readern und Smartphones geeignet. *essentials:* Wissensbausteine aus den Wirtschafts-, Sozial- und Geisteswissenschaften, aus Technik und Naturwissenschaften sowie aus Medizin, Psychologie und Gesundheitsberufen. Von renommierten Autoren aller Springer-Verlagsmarken.

Weitere Bände in der Reihe http://www.springer.com/series/13088

Elke Theobald · Mirjam Jentschke

Kundenzentriertes Markenmanagement

Effektive Markenführung entlang der Customer Experience Journey

Springer Gabler

Elke Theobald
Karlsruhe, Deutschland

Mirjam Jentschke
München, Deutschland

ISSN 2197-6708   ISSN 2197-6716   (electronic)
essentials
ISBN 978-3-658-28021-5   ISBN 978-3-658-28022-2   (eBook)
https://doi.org/10.1007/978-3-658-28022-2

Die Deutsche Nationalbibliothek verzeichnet diese Publikation in der Deutschen Nationalbibliografie; detaillierte bibliografische Daten sind im Internet über http://dnb.d-nb.de abrufbar.

Planung/Lektorat: Imke Sander
Springer Gabler ist ein Imprint der eingetragenen Gesellschaft Springer Fachmedien Wiesbaden GmbH und ist ein Teil von Springer Nature.
Die Anschrift der Gesellschaft ist: Abraham-Lincoln-Str. 46, 65189 Wiesbaden, Germany

Was Sie in diesem *essential* finden können

- Aktuelle Ergebnisse einer quantitativen Studie zum kundenzentrierten Markenmanagement
- Bedeutung des Kunden und der Customer Experience für das Markenmanagement
- Neuausrichtung des Markenmanagements durch kontextbasierte Markenstrategien und Customer Experience Journey Ansätze
- Veränderung der Kommunikation von Push- zu Pull Ansätzen und Touchpoint-Optimierung
- Organisatorische Veränderungen im Markenmanagement durch neue Kompetenzen und agile Methoden

Vorwort

Markenmanagement ist heute von zahlreichen Unsicherheiten geprägt. Marken werden im Zuge eines immer schneller werdenden technologischen und gesellschaftlichen Wandels von Kunden, aber auch von Unternehmen selbst infrage gestellt. Diese Unsicherheiten sind uns sowohl in der Unternehmenspraxis als auch in der Marketingwissenschaft in den letzten Jahren vermehrt begegnet. Sie bergen das Risiko unternehmerischer Fehlentscheidungen und können in letzter Konsequenz zur Handlungsunfähigkeit führen. Das hat uns dazu motiviert herauszufinden, welche Aspekte erfüllt sein müssen, um die Zukunftsfähigkeit von Marken und Markenmanagement sicherzustellen. Grundlage für die Erkenntnisse bildet eine von uns im Juli 2019 durchgeführte Studie mit 90 deutschen Marketingentscheidern (Jentschke und Theobald 2019). Sie zeigt, dass sich das Markenmanagement grundsätzlich neu ausrichten muss, sowohl extern in Bezug zum Kunden als auch intern hinsichtlich adäquater Strukturen, Strategien und Prozesse. Die wichtigsten Bereiche dieser Neuausrichtung sind in dem vorliegenden *essential* dargestellt und geben sowohl Marken-Experten als auch Studenten der Betriebswirtschaftslehre einen ersten Überblick, wie zeitgemäßes, kundenzentriertes Markenmanagement aufgestellt sein muss.

Mirjam Jentschke
Elke Theobald

Literatur

Jentschke, M., & Theobald, E. (2019). Studie Kundenzentriertes Markenmanagement. https://de.slideshare.net/DrMirjamJentschke/studie-kundenzentriertes-markenmanagement-03122019. Zugegriffen: 8. Dez. 2019.

Inhaltsverzeichnis

Herausforderungen des kundenzentrierten Markenmanagements

1

Marken geben Kunden Orientierung und sind erlebnisintensivierend. Indem sie Angebote leicht identifizierbar machen schaffen sie kognitive und emotionale Entlastung und helfen das Kaufrisiko zu minimieren. Zwei Drittel der Deutschen bevorzugen deshalb Markenprodukte gegenüber Handelsmarken. So geben bspw. 76 % der Deutschen an, dass sie im Bereich Elektronik Herstellermarken den Handelsmarken vorziehen (PWC 2017). Kunden haben Vertrauen in Marken und sind bereit für präferierte Marken einen Mehrpreis zu zahlen. Die zusätzlichen Gewinne, die sich durch Marken erzielen lassen, sind für Unternehmen der Hauptgrund, in den Markenaufbau und das Markenmanagement zu investieren.

Kunden stehen seit jeher im Mittelpunkt der Markenmanagements, aber ihre Bedeutung hat sich durch die zunehmende Digitalisierung und Globalisierung geändert. Sie sind nicht mehr nur Adressaten von Markenangeboten, sondern nehmen, bspw. durch Produktbewertungen, selbst Einfluss auf die Markenwahrnehmung. Die Beziehung zwischen Marken und Kunden ist zudem durch eine zunehmende Anzahl von Kontaktpunkten und Interaktionen gekennzeichnet und verläuft nicht (mehr) linear. Dies führt zu einem Kontrollverlust des Markenmanagements (Totz und Werg 2014) und rückt eine nachhaltige, von Flexibilität geprägte Steuerung der Marken-Kunden-Beziehung in den Vordergrund.

Die identitätsbasierte Markenführung, die den Aufbau einer unverwechselbaren Markenidentität und eine auf Wettbewerbsdifferenzierung gerichtete Markenpositionierung in den Vordergrund stellt (Aaker 1996), ist zwar nach wie vor strategische Grundlage des Markenmanagements in Theorie und Unternehmenspraxis, aber die vielfältigen, überwiegend digitalen Interaktionsmöglichkeiten und Kundenkontaktpunkte machen eine Ergänzung und Anpassung dieser gängigen Markenmanagement-Ansätze und der damit verbundenen Markenführungsinstrumente erforderlich (Seidel 2014).

© Springer Fachmedien Wiesbaden GmbH, ein Teil von Springer Nature 2020
E. Theobald und M. Jentschke, *Kundenzentriertes Markenmanagement*,
essentials, https://doi.org/10.1007/978-3-658-28022-2_1

Ein aktueller Ansatz zur Verankerung der Kundenorientierung im Unternehmen ist das **Customer Experience Management (CEM).**

Das **Customer Experience Management** bezeichnet einen kundenorientierten, strategischen Managementansatz und fasst alle Prozesse, Instrumente und Maßnahmen zusammen, die notwendig sind, um positive Kundenerlebnisse mit einem Produkt, einer Marke oder einem Unternehmen zu erzielen (Peppers und Rogers 2017). Im Zentrum des Customer Experience Managements steht die Customer Experience Journey, die die Interaktionen zwischen Marke und Kunde an unterschiedlichen Touchpoints im Zeitverlauf betrachtet (Edelman und Singer 2015).

CEM verfolgt die Zielsetzung, Kunden zu inspirieren und zu überraschen, Markenvertrauen und damit Kundenloyalität aufzubauen und eine positive Markenwahrnehmung zu erzeugen, um den Wiederkauf und die Markenweiterempfehlung zu stärken (Detecon 2010). Über die Kundenbegeisterung und damit einhergehende emotionale Kundenbindung soll langfristig eine Umsatz- und Ertragssteigerung erfolgen. Dementsprechend wird CEM als zentraler Wettbewerbsvorteil gesehen: In einer 2016 durchgeführten Umfrage bei deutschen Unternehmen geben 89 % der Befragten an, dass sie zukünftig überwiegend im Bereich CEM konkurrieren werden. Sechs Jahre zuvor lag der Wert lediglich bei 36 % (Esch 2016).

Die Steuerung von Marken entlang der Customer Experience Journey stellt das Markenmanagement vor neue Herausforderungen. Starre Konzepte wie die Markenpositionierung, Markendifferenzierung oder Markenkonsistenz werden durch die enge Ausrichtung am Kundenerlebnis infrage gestellt. **Die Integration des klassischen Markenmanagements mit kundenzentrierten Managementansätzen befindet sich noch in den Anfängen.** Die folgenden Kapitel zeigen, wie sich das Markenmanagement die Customer Experience Journey zunutze machen kann, um Marken kundenzentriert auszurichten und damit zukunftsfähig zu machen.

Literatur

Aaker, D. A. (1996). *Building strong brands.* London: Free Press.
Detecon. (2010). *Customer experience management in der Telekommunikationsbranche.* Bonn: Detecon.

Edelman, D. C., & Singer, M. (2015). Competing on customer journeys. *Harvard Business Review, 93*, S. 88–100.

Esch – The Brand Consultants. (2016). *Customer experience in zeiten digitaler transformation.* Köln/Saarlouis: ESCH. The Brand Consultants GmbH.

Peppers, D., & Rogers, M. (2017). *Managing customer experience and relationships: A strategic framework* (3. Aufl.). Hoboken: Wiley.

PWC. (2017). *Wie Markentreue entsteht – und was sie gefährdet.* Düsseldorf: PWC.

Seidel, E. (2014). Die Zukunft der Markenidentität – Zur Kritik des Markenidentitätsmodells im digitalen Zeitalter. In S. Dänzler & T. Heun (Hrsg.), *Marke und Medien: Der Wandel des Markenkonzepts im 21. Jahrhundert* (S. 363–378). Wiesbaden: Springer.

Totz, C., & Werg, F. U. (2014). Interaktionen machen Marken – wie die Digitalisierung Interaktionen zum Kern der Markenführung macht. In S. Dänzler & T. Heun (Hrsg.), *Marke und Medien: Der Wandel des Markenkonzepts im 21. Jahrhundert* (S. 113–132). Wiesbaden: Springer.

Kundenzentrierung im Markenmanagement

2.1 Kundenverständnis als Voraussetzung für Kundenzentrierung

Kunden sind und werden immer vernetzter. Die Internetnutzungsraten sind weltweit in den letzten Jahren erheblich angestiegen. Die Hälfte der Weltbevölkerung ist online, in Deutschland sind es 90 % der Bevölkerung und immer mehr Kunden nutzen das Internet mobil. Kommunikations- und Geschäftsprozesse werden zunehmend über das Internet abgewickelt. Kunden kaufen immer mehr online. So konnten die Online-Absatzkanäle in Deutschland im ersten Quartal 2019 im Vergleich zum Vorjahreszeitraum ein Umsatzwachstum von 11,2 % verzeichnen (Internetworld 2019). Und auch soziale Interaktionen wie die Partnersuche werden bereits von 30 % aller Deutschen auf Online Portale verlagert (Statista 2019).

Das Internet ist jederzeit und überall für Kunden verfügbar. Die ständige Verfügbarkeit, der uneingeschränkte Zugriff auf Informationen und die Möglichkeit zum Austausch mit unterschiedlichen Menschen oder Organisationen weltweit ändert das Verhalten von Kunden und ihre Erwartungshaltung gegenüber Unternehmen und Marken. **So nehmen 77 % der in der Studie zum kundenzentrierten Markenmanagement befragten Experten die Erwartungshaltung der ständigen Erreichbarkeit einer Marke bei Kunden wahr.** Kunden bestimmen dabei für 80 % der Befragten selbst, wann und wie sie mit einer Marke in Kontakt treten (Top-Two Box, Jentschke und Theobald 2019).

Soziale Medien, die für Menschen weltweit frei zugänglich sind, befördern eine neue Form der Zugehörigkeit, die soziale, ethnische und demographische Unterschiede zulässt und sich überwiegend über gemeinsame Interessen definiert. Digital vernetzte Kunden stehen in einem engen Austausch untereinander, auch über Marken, Unternehmen und die anstehenden Anschaffungen.

© Springer Fachmedien Wiesbaden GmbH, ein Teil von Springer Nature 2020
E. Theobald und M. Jentschke, *Kundenzentriertes Markenmanagement*,
essentials, https://doi.org/10.1007/978-3-658-28022-2_2

Kaufentscheidungen und Markenpräferenzen werden seltener durch individuelle Kundenbedürfnisse geprägt, sondern sie werden maßgeblich durch die Meinung anderer Kunden beeinflusst. So nutzen bspw. 65 % der Online-Käufer Bewertungen anderer Kunden als Entscheidungshilfe (Bitkom e. V. 2017). Diese kollektive Bewertung von Marken kann maßgeblich von den Vorstellungen und kommunizierten Nutzenversprechen der Marke abweichen und lässt sich nur schwer von den Unternehmen steuern. Kunden und Konsumenten werden damit zum Mitgestalter der Markenwahrnehmung (Kotler et al. 2017). Dementsprechend unterliegen vom Unternehmen initiierte Markenstrategien, -konzepte und -initiativen einem Bedeutungsverlust. **94 % der befragten Experten in der Studie zum kundenzentrierten Markenmanagement bestätigen den Bedeutungsgewinn des Einflusses Dritter (z. B. anderer Kunden oder Influencer) auf Kunden.** Dieses neue Selbstverständnis der Kunden und die gestiegenen Einflussmöglichkeiten auf die Markenwahrnehmung fordern das Markenmanagement heraus, Kunden auf Augenhöhe zu begegnen und sie als Mitgestalter der Marke und Markenleistungen zu verstehen. Dies bestätigen 92 % der Befragten in der Studie zum kundenzentrierten Markenmanagement (Top-Two Box, Jentschke und Theobald). Da Kunden oder potenzielle Kunden aber nicht Teil der Markenorganisation sind, müssen Wege gefunden werden, den Kunden und seine Bedürfnisse in Bezug auf Marken besser zu verstehen.

Um zu einem besseren Kundenverständnis zu gelangen setzen Marken auf die Generierung von **Consumer Insights.** Hierbei werden Informationen zum Kundenverhalten und zu Kundenwünschen, -motivationen, und -einstellungen systematisch gewonnen und interpretiert mit dem Ziel, Produkte, Services und Kommunikationsangebote für die Kunden zu verbessern. Hierzu werden Experimente, Umfragen oder auch vermehrt empirische Sekundärdaten wie z. B. Abverkaufsstatistiken oder Abrufe von Websites genutzt. Digitale Kanäle erleichtern das Erfassen und das Auswerten der Consumer Insights, insbesondere in Bezug auf das Kundenverhalten. **Die systematische Erfassung von Consumer Insights stellt eine Verbindung zwischen der klassischen Marktforschung und der Markenmanagementabteilung her** und fokussiert auf die Lösung von Kundenproblemen. Sie sind Grundlage einer kundenzentrierten Markenstrategie und ermöglichen die Ausrichtung des Leistungsangebots und der Markenbotschaften an Kundenbedürfnisse. 83 % der Befragten geben in der Studie zu kundenzentriertem Markenmanagement an, dass das Verständnis von Kundenbedürfnissen durch die Auswertung digitaler Daten verbessert wird (Top-Two Box, Jentschke und Theobald).

Darüber hinaus lässt sich der **Persona-Ansatz** nutzen, um zu einem besseren Kundenverständnis zu gelangen. **90 % der Befragten der Studie zum kundenzentrierten Markenmanagement geben an, dass ein emotionaler,** auf Einfühlungsvermögen basierender Zugang zum Kunden eine hohe Bedeutung für das Markenmanagement hat. Demgegenüber sind nur 61 % der Meinung, dass sozio-demographische Zielgruppensegmentierungen von Bedeutung sind für das Markenmanagement (Top-Two Box, Jentschke und Theobald 2019). Die Persona ist eine fiktive Figur, die archetypisch für eine Zielgruppe steht und diese bildhaft beschreibt (Häusel und Henzler 2018). Durch die Beschreibung eines archetypischen Kunden in seiner Lebenswelt, die Zuschreibung eines Namens und eines realen Gesichts wird der emotionale Zugang zur Zielgruppe erleichtert (siehe Abb. 2.1). Personas sind die Basis für ein gemeinsames Verständnis der Zielgruppen in der Marketingabteilung und helfen bei der Definition der Customer Experience Journey (siehe Abschn. 2.2.1). Persona-Beschreibungen sind darüber hinaus auch intuitiv für alle Mitarbeiter außerhalb des Markenmanagements verständlich und befördern so die Schaffung

Abb. 2.1 Persona Jonas

konsistenter Kundenerlebnisse an allen Kontaktpunkten. Auf Basis abstrakter Zielgruppenzuschreibungen wie Alter, Einkommen, Bildungsstand und Einstellungen werden beispielhaft einzelne Personas aus der Zielgruppe herausgegriffen und bildhaft beschrieben. Bedürfnisse, Einstellungen, Beziehungen zur Produktwelt oder Marke, Pain- und Gain-Points, Werthaltungen, Ängste, Lebensphasen, Mediennutzungsverhalten, Interessen, Hobbies, oder sozioökonomische Aspekte der Persona können festgehalten und narrativ sowie bildlich möglichst detailreich präzisiert werden. **Da eine Persona eine beispielhafte Person aus der Zielgruppe ist, kann es differenzierte Persona-Darstellungen geben,** zum Beispiel für unterschiedliche Produktgruppen, Kundensegmente oder Märkte.

Ein weiterer Ansatzpunkt zur Verstärkung der Kundenzentrierung im Markenmanagement ist eine differenzierte Kundenbetrachtung mit Blick auf die Kundenbedürfnisse entlang der Consumer Experience Journey. Während in der Vergangenheit eine Fokussierung auf potenzielle Kunden dominierte, und, vor dem Hintergrund von Absatzzielen, breite Zielgruppen adressiert wurden, erfordert eine zunehmende Kundenzentrierung eine neue Form der **bedürfnisorientierten Zielgruppensegmentierung.**

Potenzielle Kunden stehen zu Beginn der Customer Experience Journey im Vordergrund. Hier wird der Informationsfluss von der Marke zum Kunden gesteuert. Botschaften und Leistungsversprechen sind noch nicht auf individuelle Kundenbedürfnisse zugeschnitten (Sharp 2017). Im weiteren Verlauf kann sich das Interesse der Kunden beispielsweise durch Kauf- oder Nutzungsanlässe konkretisieren: Die Individualisierung der Kundenbedürfnisse steigt und ein zielgerichtetes Targeting auf die spezifischen Bedürfnisse der Kunden ist erforderlich. Daher muss **eine weitere Segmentierung der Zielgruppen nach Bedürfnissen in der Customer Journey oder spezifischen Kaufanlässen erfolgen.** Die Fokussierung auf konkrete Nutzen, die nah an der Lebensrealität und aktuellen Befindlichkeit der Kunden sind, muss im Vordergrund stehen (Heun 2014). Kunden, die gekauft haben, entsprechen nicht mehr zwangsläufig der ursprünglich adressierten Mediazielgruppe. Bedürfnisse, die mit der konkreten Nutzung des Produktes und der Services in Verbindung stehen, wie z. B. die Erreichbarkeit der Kundenhotline, rücken stärker in den Vordergrund. Positive Erfahrungen der Käufer mit der Marke und ihren Produkten und Services stärken hier die Markenbindung (Kumar et al. 2015) und das Weiterempfehlungsverhalten der Kunden.

Das Wichtigste in Kürze
- Einfluss Dritter auf die Markenwahrnehmung führt zu einem Bedeutungs-verlust der im Unternehmen entwickelten Markenmaßnahmen
- Meinungen der Kunden gewinnen an Bedeutung
- Kunden werden Partner auf Augenhöhe und bestimmen selbst, wann, wie und wo sie mit Marken in Kontakt treten
- Consumer Insights und Persona-Ansätze sind die Basis zur Umsetzung der Kundenzentrierung
- Bedürfnisorientierte Zielgruppensegmentierung entlang der Customer Experience Journey rückt in den Vordergrund

2.2   Customer Experience als Grundlage des kundenzentrierten Markenmanagements

2.2.1   Customer Experience Journey

Die **Customer Experience Journey (CEJ)** ist ein Kaufentscheidungs-modell und beschreibt die Phasen, die ein Kunde im Kaufentscheidungs-prozess durchläuft (siehe Abb. 2.2). Die Phasen lassen sich unterteilen in Markenpräferenzphase (Consideration), Informationsphase (Evaluation), Kaufphase (Purchase), Nutzungsphase/Weiterempfehlung (Enjoy/Advocate) und Wiederkaufsphase (Repurchase) (Court et al. 2009; Edelman 2013).

In der **Markenpräferenzphase** hat der Kunde noch keinen konkreten Kaufanlass. Er lernt die Marke kennen, lässt sich inspirieren und bildet eine Meinung zu der Marke. In dieser Phase ist es wichtig, die Aufmerksamkeit der Zielgruppen zu erlangen, das Vorstellungsbild zur Marke zu schärfen und ihre Relevanz für den Kunden zu stärken. In der **Informationsphase** hat der Kunde einen konkreten Kaufanlass und informiert sich daher über Produkte und Services der Marke. Vermarktet eine Marke ihre Leistungen nicht oder nicht ausschließlich direkt, gewinnt in dieser Phase der Handel an Bedeutung. Diese Bedeutung steigt im Falle des indirekten Vertriebs nochmals in der **Kaufphase.** Hier erwirbt der Kunde das Produkt bzw. den Service einer Marke.

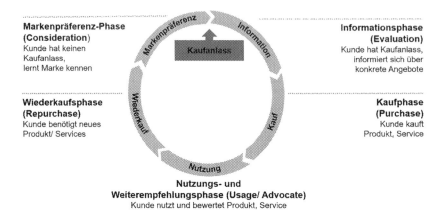

Abb. 2.2 Customer Experience Journey

Die Entscheidung des Kunden sollte hier verstärkt und positiv bestätigt werden. Die Kaufphase an sich ist meist sehr kurz. In der **Nutzungs- und Weiterempfehlungsphase** ge- bzw. verbraucht der Kunde das Produkt oder den Service. In dieser Phase steht die Interaktion mit dem Produkt und Service einer Marke im Vordergrund. In diesen Zeitraum fällt auch die Weiterempfehlung eines Produktes bzw. Services. In der Wiederkaufsphase benötigt der Kunde ein zusätzliches oder neues Produkt bzw. einen neuen oder zusätzlichen Service. Hier schließt sich der Kreis zu der Markenpräferenzphase.

Die **Customer Experience Journey ist ein iterativer Prozess** und berücksichtigt auch Rückkopplungsprozesse z. B. Alternativbewertungen während der Informationsphase oder das Überspringen einzelner Phasen wie etwa der Markenpräferenzphase. Damit unterscheidet sich das Customer Experience Journey Modell von dem klassischen Funnel-Ansatz, der eine sukzessive Abfolge von der Markenbekanntheit bis zum Kauf zugrunde legt. Ein weiterer Unterscheidungspunkt zu klassischen Funnel-Modellen ist die **stärkere Berücksichtigung der Nutzungs- und Wiederkaufsphase** (Court et al. 2009). Positive Erfahrungen der Kunden während der ersten Nutzungsphase führen dazu, dass Kunden der Marke enger verbunden sind.

Die **Dauer und Art der Phasen, die Kundenbedürfnisse innerhalb der Phasen wie auch die Kontaktpunkte zwischen Kunde und Marke (Touchpoints) können variieren** je nach Art der unter einer Marke angebotenen Leistung (Kreutzer et al. 2017). So dauert die gesamte CEJ, insbesondere die Produktnutzungsphase, bei langlebigen Konsumgütern länger. Bei schnelllebigen Konsumgütern kommt, durch die meist hohe Kauffrequenz, der Informationsphase und der

Wiederkaufsphase eine größere Bedeutung zu. Bei High-Involvement Produkten werden häufig alle Phasen der CEJ durchlaufen, wohingegen bei Low-Involvement Produkten durch Gewohnheitskäufe beispielsweise die Orientierungsphase übersprungen wird. Die Expertenbefragung zum kundenzentrierten Markenmanagement verdeutlicht dies (siehe Abb. 2.3): Die Markenpräferenz-Phase hat nach Einschätzung der Experten mit 58 % eine größere Bedeutung für langlebige Konsumgüter als für schnelllebige Konsumgüter mit 28 %. Auch der Informationsphase und der Nutzungsphase wird für das Markenmanagement langlebiger Konsumgüter eine größere Bedeutung beigemessen als für schnelllebige Konsumgüter (63 % vs. 10 % bzw. 60 vs. 14 %) (Jentschke und Theobald 2019).

Auch **Kaufanlässe haben einen Einfluss auf die Bedeutung und Dauer der unterschiedlichen Phasen der Customer Experience Journey.** So kaufen knapp 39 % der Kunden ein neues Smartphone, weil ihr altes Smartphone kaputt gegangen ist (dringender Ersatzbedarf), wohingegen nur 4 % der Kunden zum ersten Mal ein Smartphone kaufen (Erstkauf). Die restlichen Kunden kaufen ein Smartphone, weil sie sich eine Verbesserung wünschen und beispielsweise neue Funktionen nutzen wollen (Upgrade) (Dentsu Aegis Resolution 2014). So führt ein hoher Zeitdruck, der bei einem dringenden Ersatzbedarf besteht, bspw. zu der Verkürzung der Informationsphase und dem Bedürfnis nach schnell vergleichbaren Informationen, wohingegen eine längere Informationsphase im Rahmen eines Upgrade-Kaufes einerseits einen tiefergehenden Vergleich von

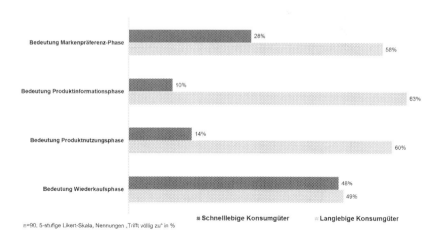

Abb. 2.3 Bedeutung CEJ Phasen für das Markenmanagement schnelllebiger vs. langlebiger Konsumgüter

kaufrelevanten Produktinformationen erlaubt, anderseits aber auch mehr Raum für Inspiration lässt.

Die **Komplexität des Kaufprozesses und der damit verbundenen Interaktionen hat sich durch die wachsende Anzahl von verfügbaren Angeboten erhöht.** Auch die Erweiterung klassischer Leistungen um neuartige Angebote wie z. B. die Befriedigung des Mobilitätsbedürfnisses durch Car Sharing macht eine kontinuierliche Interaktion mit den Kunden notwendig. Die Anzahl möglicher Touchpoints steigt und ihre Nutzung wird vorrangig durch den Kunden bestimmt. Kunden nutzen viele unterschiedliche Kommunikationskanäle, unterschiedliche Einkaufsstätten und lesen Kundenbewertungen. Sie erwarten, dass von ihnen präferierte Marken an den von ihnen genutzten Touchpoints präsent sind. Dabei sollte nicht außer Acht gelassen werden, dass die unterschiedlichen Touchpoints Wechselwirkungen aufweisen. So werden Produktrecherchen häufig parallel online und offline getätigt, was die Integration der verschiedenen Kontaktpunkte im Sinne eines Omnichannel-Ansatzes erforderlich macht.

Ein zentraler Erfolgsfaktor im Management der CEJ ist daher die **ganzheitliche Orchestrierung der Kundenkontaktpunkte,** um eine positive Customer Experience von der Markenpräferenzphase bis hin zum Wiederkauf zu gewährleisten (Esch et al. 2014). Für 87 % der befragten Experten der Studie zu kundenzentriertem Markenmanagement hat die digitale Verknüpfung der unterschiedlichen Kundenkontaktpunkte einen positiven Einfluss auf das Markenerlebnis (Top-Two Box, Jentschke und Theobald). **Die ganzheitliche Orchestrierung setzt eine systematische Erfassung der Phasen, Kundenbedürfnisse, Kaufanlässe und Kundenkontaktpunkte voraus.** Im zweiten Schritt geht es um die **inhaltliche Integration** der Phasen und der hiermit verknüpften Kundenkontaktpunkte sowie der **kunden- und bedürfnisspezifischen Ausrichtung** bei der Gestaltung der Kundenkontaktpunkte.

2.2.2 Customer Experience Journey Map

Die **Customer Experience Journey Map (CEJM)** ist ein Instrument zur Darstellung einer holistischen Customer Experience aus Sicht des Kunden. Dabei werden die für den spezifischen Kaufprozess relevanten Phasen, die Kundenbedürfnisse und relevanten Touchpoints sowie mögliche Maßnahmen der Marken an den priorisierten Touchpoints erfasst.

Voraussetzung für die Erstellung der CEJM ist ein Verständnis des Kunden bspw. basierend auf Persona-Beschreibungen und Datenanalysen (Kreutzer et al. 2017). CEJMs lassen sich auch gemeinsam mit dem Kunden erarbeiten. Bei der Priorisierung möglicher Maßnahmen empfiehlt es sich, zunächst Probleme aus Sicht der (potenziellen) Kunden in der Interaktion mit der Marke, sogenannte **Pain Points, auszuräumen und diese mit Maßnahmen zu beantworten, die die Kundenerwartungen übertreffen und Begeisterung auslösen (Gain Points).** Dabei kann zunächst eine **Ist-Map** generiert werden, die aktuelle Touchpoints und Markenmaßnahmen aufzeigt. Im zweiten Schritt kann eine **Soll-Map** als Zielkonzeption der künftigen Customer Experience entwickelt werden. Eine entscheidende Rolle spielen hier die **Moments of Truth (MoT).** Dies sind Augenblicke in der Interaktion zwischen Marken und Kunde, die zu einer Einstellungsänderung gegenüber der Marke führen können. Das Erlebnis am Moment of Truth kann sowohl negative als auch positive Einstellungsänderungen zur Folge haben. Interaktionen im Sinne eines wechselseitigen Austausches zwischen Marke und Kunden, z. B. im Rahmen von persönlichen Beratungsgesprächen, haben einen überproportional hohen Einfluss auf die emotionale Bindung zwischen Kunde und Marke (Peppers und Rogers 2017).

> Das **Customer Touchpoint Management (CTM)** bezeichnet die Koordination aller unternehmerischen Maßnahmen, die potenziellen Kunden an allen wichtigen Touchpoints ein herausragendes Erlebnis bieten, ohne dabei die unternehmerische Prozesseffizienz aus den Augen zu verlieren (Schüller 2012a).

Ziel des CTM ist es, positive Erlebnisse für die (potenziellen) Kunden sowie ein adäquates Markenimage über alle Touchpoints aufzubauen. Dabei soll durch die Abstimmung der Touchpoints ein konsistentes Markenerlebnis sowie Markenversprechen beim Konsumenten erzielt werden, um Vertrauen und Loyalität aufzubauen und zu fördern (Esch et al. 2013).

Das **CTM folgt einer fünfstufigen Prozessstruktur,** die die notwendige Transparenz über die internen und externen Rahmenbedingungen, die Marken-Touchpoints und die Verantwortlichkeiten schafft (siehe Abb. 2.4).

Im ersten Schritt wird analysiert, welche Marken-Touchpoints aktuell im Unternehmen existieren (Transparenz schaffen). Danach wird versucht zu verstehen, wie der Kunde die Interaktionen mit der Marke und die Maßnahmen erlebt (Kundenperspektive verstehen). Im Anschluss wird definiert, wie das

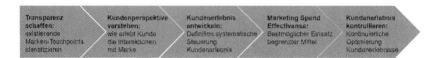

Abb. 2.4 Prozessstruktur Customer Touchpoint Management

Kundenerlebnis systematisch gesteuert werden kann (Kundenerlebnis entwickeln). Im letzten Schritt wird geplant, wie die begrenzten Mittel bestmöglich eingesetzt werden können (Marketing Spend Effectiveness) und wie das Kundenerlebnis kontinuierlich optimiert werden kann (Kundenerlebnis kontrollieren). **Das Customer Touchpoint Management setzt gegenüber dem Customer Journey Mapping einen stärkeren Fokus auf die interne Verankerung und organisatorische Umsetzung** der optimalen Customer Experience im Unternehmen.

Das Wichtigste in Kürze
- Customer Experience, holistisches Kundenerlebnis der Marke, im Zentrum des Markenmanagements
- Customer Experience Journey: iterativer Kaufverhaltensprozess mit unterschiedlichen Phasen: Markenpräferenz, Information, Kauf, Nutzung, Wiederkauf
- Steuerung der Customer Experience Journey setzt Kenntnis von Kundenbedürfnissen, Kaufanlässen und Brand Touchpoints in den unterschiedlichen Phasen voraus
- Moments of Truth: zentrale Interaktionen zwischen Marke und Kunde, die zu einer Einstellungsänderung gegenüber der Marke führen können
- Customer Touchpoint Management: Transparenz schaffen, Kundenperspektive verstehen, Kundenerlebnis entwickeln, Marketing Spend Effectiveness, Kundenerlebnis kontrollieren

---

2.3 Customer Touchpoint Management als zentrales Tool des kundenzentrierten Markenmanagements

Eine **zentrale Herausforderung** bleibt die Beantwortung der Frage, **welche Kombination von Touchpoints entlang der Customer Experience Journey am effizientesten ist,** da die konkrete Ausgestaltung nicht generalisierend für alle

Marken beantwortet werden kann (Esch et al. 2016). Auf Vergangenheitswerten beruhende Kommunikationsstrategien müssen vor dem Hintergrund der stringenten Orientierung an Kundenbedürfnissen hinterfragt werden, denn die Customer Journey ändert sich dynamisch. Durch die in den letzten Jahren beschleunigte und teilweise explosionsartige Zunahme von Touchpoints ist die Customer Experience Journey immer weniger linear, es findet vielmehr ein beliebiger Wechsel zwischen den Kanälen on- und offline statt. Diese Entwicklung hat insgesamt zu einem Aufbrechen des linearen Kaufentscheidungsprozesses geführt, der nun zunehmend in Form verschiedener komplexe Wege beschrieben werden kann (Totz und Werg 2014; Baumüller 2017). Eine weitere Herausforderung für die Modellierung der Customer Experience Journey ist die Tatsache, dass der Kunde jederzeit und an beliebigen Touchpoints in die Customer Experience Journey einsteigen kann, da Informationen und Kontaktchancen über digitale Endgeräte überall verfügbar sind. Dadurch müssen viele Touchpoints neu bewertet und gegebenenfalls angepasst werden, denn sie müssen eigenständig die Funktion in jeder Phase der Customer Experience Journey erfüllen können, also im Idealfall Aufmerksamkeit generieren, die Marke transportieren, das Produkt erklären sowie die Kaufoption beinhalten (Kruse Brandão und Wolfram 2018).

Esch geht aufgrund seiner empirischen Arbeiten davon aus, dass bislang **46 % des Marketingbudgets in irrelevante Touchpoints** fließen (Esch et al. 2016). Die Kategorisierung und Bewertung der Touchpoints insbesondere im Hinblick auf ihre Relevanz entlang der Consumer Journey wird damit zu einem zentralen Erfolgsfaktor eines kundenzentrierten Markenmanagements.

2.3.1 Touchpoint Arten

Esch kategorisiert die Touchpoints nach den beiden Dimensionen Steuerbarkeit durch die Marke (direkt/indirekt) sowie Kommunikationsmodell (einseitig/zweiseitig) (Esch 2011). Diese Kategorisierung kann zum einen für eine Bestandsaufnahme der markeneigenen Touchpoints relevant sein, hilft aber auch Wettbewerbsaktivitäten einzuordnen und zu analysieren (siehe Abb. 2.5).

Direkte/indirekte Touchpoints
Die erste Unterscheidung der Touchpoints bezieht sich auf die unmittelbare Steuerbarkeit durch die Marke. Direkte Touchpoints können unmittelbar durch die Marke gestaltet und beeinflusst werden, wie zum Beispiel ein Verkaufsgespräch mit einem Kunden oder die Markenwebsite (Schüller 2012b). Indirekte Touchpoints sind wesentlich schwieriger durch die Marke beeinflussbar, da bei diesen

Steuerbarkeit		
	Direkt	**Indirekt**
Zweiseitig	– Persönlicher Verkauf – Call Center, Hotlines, Beratung – Schrift-, E-Mail-Verkehr – Persönliche Kommunikation auf Messen und Events – Moderiertes Markenforum, Clubs	– Mundpropaganda – Gespräche mit Freunden/ Bekannten – Blogs und Communities
Einseitig	– Werbung – Produktverwendung – Promotions, Events ohne Dialog – PoS ohne Dialog – Produktplatzierung – Verpackungen	– Massenmedien/ TV – Presseberichte, PR

(Spalte links vertikal: **Kommunikationsmodell**)

Abb. 2.5 Kategorisierung von Touchpoints nach Steuerbarkeit und Kommunikationsmodell

Touchpoints zum Beispiel die Kommunikation über Medien vermittelt wird (Esch 2011). So kann das Gespräch eines Kunden mit Dritten in den sozialen Medien über eine Marke nur indirekt beeinflusst werden, indem beispielsweise die Marke in den sozialen Medien zu dieser Kommunikation Stellung bezieht.

Einseitige/zweiseitige Touchpoints

Eine weitere Unterscheidung der Touchpoints betrachtet das in den Touchpoints verfügbare Kommunikationsmodell. Bei einem zweiseitigen Touchpoints existiert die Möglichkeit zur Rückkopplung zwischen Marke und Kunde, beispielsweise in Form eines Dialogs via eMail. Bei einem einseitigen Touchpoint ist diese Möglichkeit nicht gegeben, wie beispielsweise in den klassischen Medien wie TV, die auf dem Modell der Senderkommunikation basieren.

Earned/shared/paid/owned Touchpoints

Touchpoints können auch danach klassifiziert werden, in welcher Form sie von der Marke erworben oder gesteuert werden können. Earned Touchpoints umfassen die Kontaktpunkte, die für die Marke durch die Aktivitäten von unabhängigen Dritten entstehen – das Unternehmen oder die Marke hat diese Kontaktpunkte durch positive Erlebnisse oder Angebote *verdient*. Kunden reagieren auf die Aktivitäten der Marke durch Empfehlungen, Kritik oder Bewertungen in den sozialen Medien oder in anderen medialen Kanälen. Beispiele für diese Touchpoints sind Presseberichte von Journalisten oder Weiterempfehlungen durch Kunden.

Paid Touchpoints werden durch ein Unternehmen gekauft wie beispielsweise TV-, Radiospots oder Printwerbung. Das Unternehmen hat einen direkten Einfluss auf die Gestaltung dieser Touchpoints, obwohl die medialen Kanäle der Publikation nicht direkt im Besitz des Unternehmens sind. Diese Touchpoints werden überwiegend für Push-Kommunikation in der Markenpräferenzphase genutzt.

Owned Touchpoints stellen Kontaktpunkte dar, die das Unternehmen besitzt – damit kann die Marke den medialen Kanal unmittelbar steuern und ausgestalten. Zu den owned Touchpoints zählen beispielsweise die eigene Website, ein Kundenmagazin oder der eigene Online-Shop. Owned Touchpoints werden überwiegend für Pull-Kommunikation in der Informations-, Kauf-, und Nutzungsphase eingesetzt.

Shared Touchpoints bezeichnen die Kontaktpunkte, in denen Erfahrungen mit und Meinungen zur Marke mit anderen geteilt werden. Erklärvideos oder Erfahrungsberichte, Presseartikel oder Social Media Beiträge werden von den Rezipienten freiwillig innerhalb ihres Netzwerks geteilt. Durch die zunehmende Vermeidung klassischer Werbung haben die owned und shared Touchpoints in den letzten Jahren wesentlich an Bedeutung gewonnen. Diese Touchpoints werden überwiegend für Pull-Kommunikation genutzt und sind für alle Phasen der CEJ relevant.

Human/Process/Product/Service/Media Touchpoints
Wesentlich bei der Betrachtung der Touchpoints ist nicht nur, in welchem Kanal ein Kontakt mit den Zielgruppen stattfindet, sondern auch wer oder was das Kontaktpendant für den Kunden ist (Schüller 2017).

Bei Human Touchpoints geht es um direkte Interaktionen mit Mitarbeitern des Unternehmens oder der Marke, wie zum Beispiel im Einzelhandel oder in Servicesituationen. Auf diese Touchpoints können Marken in Form von Service Design Einfluss nehmen.

Bei Process Touchpoints werden prozessorientierte Kontaktpunkte für die Kunden aufgesetzt und optimiert, wie zum Beispiel die Check-In-Prozesse bei einer Airline.

Produkt und Service Touchpoints beziehen sich auf die unmittelbaren Interaktionen des Kunden mit den Produkten und Services einer Marke, die positive oder negative Erlebnisse hervorrufen können. Gerade hier muss die Kundenerfahrung positiv verstärkt werden, nicht nur um den Wiederkauf abzusichern, sondern auch um positive Mundpropaganda zu stimulieren.

Media Touchpoints stellen den Kontakt zu den Zielgruppen über Massenmedien oder soziale Medien her oder auch mittels gerätevermittelter Kommunikation in Form von Apps oder Websites.

2.3.2 Touchpoint Bewertung

In der aktuellen Studie zum kundenzentrierten Markenmanagement stellen 87 % der Befragten fest, dass die Zahl der Kontaktpunkte zwischen Marken und Konsumenten zunimmt (Top-Two Box, Jentschke und Theobald). Die Vielfalt der Touchpoints führt dazu, dass die Touchpoints priorisiert werden müssen – nicht alle Kontaktpunkte erfordern die gleiche Aufmerksamkeit des Markenmanagements und einen identischen Ressourceneinsatz.

Langfristig kann daher die Fokussierung auf die Customer Experience Journey im Markenmanagement strategische Anpassungen bei den angebotenen Touchpoints zur Folge haben, da diese durch die neue Perspektive anders priorisiert werden. **Die Bewertung der Touchpoints kann zu einer Reallokation des Budgets und der Neudefinition von organisatorischen Rollen führen** (Edelman 2013, siehe Abschn. 2.4 und 3.1). Bisher lag der Fokus des Markenmanagements häufig auf durch das Unternehmen unmittelbar steuerbaren Kundenkontaktpunkten und auf klassischen Media-Touchpoints wie TV oder OOH, die insbesondere für die Markenpräferenzphase bedeutsam sind. Eine ganzheitliche Journey Betrachtung erfordert jedoch auch die Integration von Kundenkontaktpunkten, die nicht durch die Marke steuerbar sind wie beispielsweise die Meinung anderer Kunden in Form von Bewertungen in Foren und Blogs (Peppers und Rogers 2017). Aber auch unternehmenseigenen Touchpoints, die außerhalb des klassischen Markenmanagements liegen, wie beispielsweise dem Kundendienst, muss vom Markenmanagement Beachtung geschenkt werden.

Bei der Ausrichtung der Kommunikation an den Kundenbedürfnissen steht zum einen die **Klassifikation der Touchpoints entlang der Phasen der Customer Experience Journey** auf der Agenda (Khanna et al. 2014). 61 % der befragten Experten sind der Überzeugung, dass in der Markenpräferenzphase klassische Push Kommunikation (z. B. TV, Printanzeigen) bei der Umsetzung eines kundenzentrierten Markenmanagements hilft, dieser Wert sinkt deutlich in der Produktinformationsphase (20 %) und der Produktnutzungsphase (7 %) (Top-Two Box, Jentschke und Theobald). **Die Pull Kommunikation (z. B. Website, Social Media) wird von der Mehrheit der Experten gegenüber der Push Kommunikation als bedeutsamer erachtet.** 79 % sehen sie in der Markenpräferenzphase und 74 % in der Nutzungsphase als bedeutsam an. Noch wichtiger wird sie in der Produktinformationsphase (94 %) eingeschätzt. (Top-Two Box, Jentschke und Theobald).

Ein weiterer wichtiger Schritt auf dem Weg zum effizienten Customer Experience Management ist die **Bewertung der Touchpoints mit dem Ziel der Priorisierung.** Zur Bewertung können folgende Kriterien und Informationen herangezogen werden:

Kontaktintensität/Kontaktqualität
Je intensiver der Kontakt mit der Marke oder dem Produkt durch die Kunden wahrgenommen wird, also je positiver oder negativer das Erlebnis ist, umso mehr Einfluss haben die Touchpoints auf die Markenwahrnehmung. Diese von Nobelpreisträger Daniel Kahneman ausgearbeitete Peak-End-Regel besagt, dass Menschen eine Erfahrung weitgehend danach beurteilen, wie sie sich an ihrem Höhepunkt (also an ihrem intensivsten Punkt) und an ihrem Ende angefühlt hat – die Gesamtsumme oder der Durchschnitt aller Moment der Erfahrung spielen bei der Gesamtbewertung eine untergeordnete Rolle (Kühnl und Prigge 2013). Das Customer Experience Management sollte daher auf die Touchpoints fokussieren, die eine hohe Kontaktintensität haben (Peppers und Rogers 2017) und die nahe an den kritischen Erfolgsmomenten, den Moments of Truth, sind.

Kontaktfrequenz/Kontakthäufigkeit/Reichweite
Frequenzreiche und reichweitenstarke Kontaktpunkte stehen stärker im Interesse des Customer Experience Management, da die Optimierungen bei diesen Kontaktpunkten durch die Häufigkeit des Kontaktes und die Anzahl der erreichten Personen einen größeren Einfluss in der Customer Experience haben.

Beeinflussbarkeit/Steuerbarkeit durch die Marke
Nicht alle Touchpoints sind direkt vom Marketing steuerbar oder schnell zu verändern. Touchpoints, die unter der direkten Kontrolle des Markenmanagements liegen und die schnell an die Customer Experience angepasst werden können, versprechen Quick Wins und sollten priorisiert betrachtet werden.

Wertschöpfungsbeitrag im Kunden- und Produktlebenszyklus
Touchpoints haben eine unterschiedliche wirtschaftliche Bedeutung für die Unternehmen, da sie entweder unterschiedlich kostenintensiv sind oder einen differenzierten Beitrag zur Wahrnehmung der Marke/des Produktes leisten. Naturgemäß genießen kostspieligere Touchpoints und natürlich auch einzigartige Touchpoints mehr Aufmerksamkeit durch das Management, denn sie haben entweder einen großen Einfluss auf die Markenwahrnehmung oder auf die Rentabilität der Kommunikation.

Nach der Selektion der relevanten Touchpoints steht im nächsten Schritt die Bewertung des Ist-Zustandes im Fokus der Überlegungen. Hierbei sollte die Leitfrage beantwortet werden, inwieweit das aktuelle Erlebnis der Kunden dem Selbstbild der Marke bzw. ihrer strategischen Positionierung entspricht.

Die Basis für die Bewertung der Touchpoints können zum Beispiel die Auswertung der Beschwerden und Kundenanfragen in den Service Centern sein oder Informationen des eigenen Vertriebs. Auch Social Media Monitoring kann eine hilfreiche Quelle darstellen, um das aktuelle Kundenerlebnis zu analysieren. Eine wichtige Rolle bei der Generierung von Insights spielen natürlich auch die Ergebnisse aus der Marktforschung. Gängige Messmethoden sind beispielsweise Beobachtungen, Daily Diaries (Tagebücher), Fokusgruppen oder Kundenbefragungen. **Durch den Einsatz digitaler Erhebungsmethoden zum Beispiel des Live-Experience Tracking/Real-time Experience Tracking können Echtzeit-Messungen des Kundenerlebnisses durchgeführt werden,** indem zum Beispiel der Kunde sein Erlebnis mit dem Smartphone erfasst und per SMS an die Marktforscher sendet (Macdonald et al. 2014). Noch einen Schritt weiter geht das nachfolgend skizzierte Beispiel von Disney. **Disney ist es gelungen mithilfe eines datengetriebenen Live Trackings der Besucher seiner Freizeitparks eine Optimierung der Customer Experience in Echtzeit vorzunehmen.**

> **Disney Casestudy Live Tracking und Echtzeit-Optimierung der Customer Experience**
> Durch die zunehmende Verfügbarkeit vieler Daten über das Kundenverhalten und der aktuellen Umwelt des Kunden können kontextbasierte Analysen in Echtzeit individuell für jeden Kunden durchgeführt werden, um aktuelle und sinnvolle Empfehlungen für diese Kunden auszusprechen. Das Unternehmen Disney hatte seit einigen Jahren mit einer Verschlechterung der Customer Experience in den Disney Parks zu kämpfen. Steigende Preise und lange Wartezeiten dämpften die Besucherströme. Zur Lösung

dieser Herausforderung wurde ein datengetriebener Ansatz gewählt. Disney führte in den Disney Parks sogenannte MyMagic+ Armbänder ein. Diese Armbänder erhält der Besucher bereits per Post vor dem eigentlichen Besuch des Parks. Die Besucher können bereits im Vorfeld die Attraktionen auswählen, die sie besuchen wollen und diese buchen. Angekommen im Park erinnert das Armband via Smartphone an die gebuchten Attraktionen zur rechten Zeit, gibt Empfehlungen, welche Attraktion aktuell mit der geringsten Warteschlage in der Nähe verfügbar ist und empfiehlt Aktivitäten in Abhängigkeit vom Wetter und dem Alter der Kinder.

Das Armband ist Teil eines *Vacation Management System*, das neben der Analyse der Kundendaten, ihrem Nutzungs- und Kaufverhalten, die Angestellten bei Disney mit Echtzeitinformationen versorgt. In Abhängigkeit von der Auslastung kann das Personal so gesteuert werden, dass Warteschlangen verkürzt und die Customer Experience deutlich verbessert wird.

Der Disney Case zeigt, wie aus einem Zusammenspiel von Echtzeitdaten der Kunden (aktuelle Position) mit weiteren Datenquellen (Wetterinformationen, Wartezeiten) ein Zusatznutzen für Kunden durch Datenanalyse und relevante Empfehlungen generiert werden kann. Zur Datengenerierung müssen nicht in jedem Fall gesonderte Geräte wie das erwähnte MyMagic+ Armband eingesetzt werden, ähnliche Funktionalitäten können auch durch die Nutzung von Smartphones oder anderer datengenerierender Sensorsysteme (Gerätenutzung im IoT-Umfeld, Wearables, intelligente Textilien etc.) geschaffen werden.

2.3.3   Touchpoint Innovation

Neben der Bewertung bereits bestehender Touchpoints spielt die Innovation bei der Identifikation und Ausgestaltung neuer Kontaktpunkte inzwischen in vielen Branchen eine große Rolle.

In der klassischen Markenlehre wird eine Marke im Kontext ihrer jeweiligen Kategorie positioniert. In der digitalen Ökonomie verschwinden jedoch die Kategoriengrenzen in vielen Branchen (Sander 2017). Durch schwindende Markteintrittsbarrieren und digitale Marktchancen entstehen zum Beispiel neue Plattformen, die Newcomern die Implementierung neuer Geschäftsmodelle im Markt ermöglichen. „Erfolgreiche Marken positionieren sich heute über die Rolle, die sie im zunehmend digitalen Alltag der Konsumenten einnehmen und fügen sich wertschöpfend in ihr digitales Ökosystem aus Daten, Endgeräten und Softwareanwendungen ein." (Sander 2017).

Marken und Produkte kämpfen nicht mehr nur um Marktanteile in ihrer Kategorie bzw. Branche, sondern um einen monetarisierbaren Zeitanteil im Leben der Konsumenten – statt um den Marktanteil (Share of Market) geht es um den Share of Life oder Share of Time bei den Zielgruppen. Marken können sich entwickeln, indem sie im Leben der Kunden wichtige Bedürfnisse bedienen – und dies in den richtigen Situationen anbieten. Es gilt daher heute für die Marken, geeignete Verwendungsanlässe und somit neue Touchpoints zu finden und diese zu besetzen (Sander 2017). **Das nachfolgend Beispiel von Nike zeigt die innovative Gestaltung von neuen digitalen Touchpoints durch den Sportmodehersteller.**

Casestudy Nike+ Training App

Nike bietet mit seiner Fitness App Nike+ Training Club einen neuen Touchpoint für die Marke an, der ein ganzheitliches Markenerlebnis im Rahmen einer Community für die Kunden inszeniert. Die App schafft neben den Kernprodukten für die User einen digitalen Zusatznutzen, indem individuelle Trainingseinheiten und mehrwöchige Trainingsprogramme und somit immer wieder neue, produktunabhängige Kontaktpunkte mit der Marke Nike angeboten werden. Nike stellt die App kostenfrei zur Verfügung, um möglichst viele Nutzer an die Marke zu binden (Loria 2018). Nike positioniert sich über diesen erweiterten Touchpoint nicht mehr nur als Sportartikelhersteller, sondern bietet vielmehr seinen Kunden durch den Einsatz des digitalen Touchpoints eine Sportplattform an. Die Marke dringt in neue Anwendungsbereiche vor und erweitert das eigene Angebot um ein umfassendes und produktnahes digitales Erlebnis. Neben Workouts und Meditations-Tipps wird der Community-Gedanke verfolgt, indem Anwender Freunde hinzufügen können. Zusätzlich ermöglicht die App den Usern, sich für lokale Nike- bzw. Community-Veranstaltungen einzuschreiben.

Neben Touchpoint Innovationen in digitalen Umfeldern können auch Innovationen entstehen, die den erlebnisorientierten Konsum als aktuelles Trendthema aufgreifen oder dem Servicebereich zuzuordnen sind. Durch neue Technologien wie Internet of Things oder Augmented bzw. Virtual Reality ist in Zukunft bei vielen Marken und in vielen Branchen damit zu rechnen, dass neue Touchpoints entwickelt und klassische Touchpoint-Konzepte damit angereichert werden.

2.3.4   Touchpoint Modellierung

Bei der **Customer Touchpoint Modellierung (Customer Journey Mapping)** geht es darum zu planen, **welche Erfahrungen ein Kunde im Rahmen der Customer Experience Journey bei den wichtigen Touchpoints haben soll.** Ein Fokus liegt auf der Optimierung des bisherigen Zustands, aber vor allen Dingen auch auf der Schaffung neuer oder alternativer Lösungen.

Zur Visualisierung der Customer Experience Journey wird die Methode des Touchpoint Journey Mappings eingesetzt (siehe auch Abschn. 2.2.2). Der Weg des Kunden zwischen den Touchpoints wird mit Hilfe von Linien dargestellt (siehe Abb. 2.6). Auf Basis dieser Visualisierungen können Kann- und Muss-Touchpoints identifiziert oder Vergleiche von mehreren Customer Journeys durchgeführt werden. Somit bestehen Chancen, Synergie- oder Kannibalisierungseffekte zwischen den Touchpoints aufzudecken. Das Touchpoint-Mapping hilft auch bei der nachfolgenden Identifikation der Moments-of-Truth.

Die Customer Journeys der verschiedenen Personas werden im nächsten Schritt übereinandergelegt, um Überschneidungen sichtbar zu machen (siehe Abb. 2.7). **Die gefundenen Überschneidungen zeigen an, dass an diesen Stellen besonders viele Kundengruppen Kontakt mit der Marke haben.**

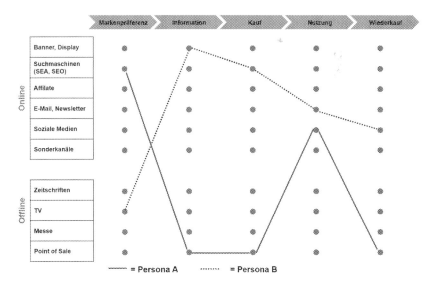

Abb. 2.6 Exemplarische Touchpoints entlang der CEJ

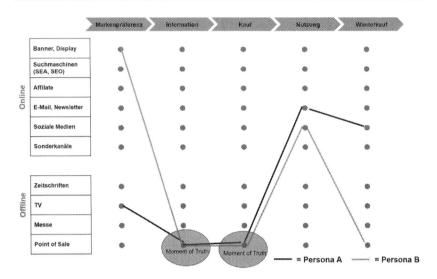

Abb. 2.7 CEJ Überschneidungen

Daher wird diesen Kontaktpunkten auch eine besondere Wichtigkeit zugeschrieben.
Neben den Touchpoints, die sich durch die Überschneidungen mehrerer Customer Journeys als besonders wichtig herauskristallisieren, können auf den Customer Journey Maps weitere wichtige Moments-of-Truth durch die Erlebnissituation der Zielgruppe identifiziert werden. In diesem kontextorientierten Ansatz werden die Situationen identifiziert, in denen die Zielgruppen Informationen oder Hilfe vom Unternehmen benötigen und der Marke somit grundsätzlich offen gegenüberstehen. Gerade in diesen Momenten sind die Kunden empfänglich für Informationen einer Marke.

Als dritte Perspektive ist bei der Betrachtung der Customer Experience Journey der Erwartungshaltung der Kunden Rechnung zu tragen. Die vor allem in den digitalen Kanälen erlebbare Verfügbarkeit von Informationen und Services hat zu einer gestiegenen Erwartungshaltung der Kunden geführt. Sie sind empfänglich für personalisierte Ansprachen, wenn diese im richtigen Kontext platziert werden. Viele dieser **Micro Moments** sind inzwischen mobile oder digitale Momente (Kruse Brandão und Wolfram 2018; Adams et al. 2019). So können zum Beispiel Fugenzeiten im Alltag der Kunden wie beispielsweise das Warten auf die Bahn für einen positiven mobilen Micro Moment genutzt werden.

Für das Design der künftigen Customer Experience sollte im nächsten Schritt eine **Ziel Customer Journey Map** entwickelt werden. Diese Map enthält typischerweise Informationen zu der Persona, den wichtigsten Customer Insights sowie die Pain und Gain Points, die sich bei dieser Kundengruppe ergeben. Es folgt eine narrative erzählte Customer-Story, die plastisch die Erlebnisse der Kunden in der jeweiligen Kontakt-/Kaufphase beschreibt und dabei die Touchpoints benennt. **Das wichtigste Element auf der Map ist die Festlegung des angestrebten Erlebnisses (Experience)** der Kunden in jeder Stufe auf einer Skala von negativem Erleben bis hin zum Wow-Effekt. Das Ziel dieser Modellierung ist es, explizit die positiven Erfahrungen der Kunden mit der Marke zu designen, die ein uniques Erlebnis mit der Marke vermitteln. Die Customer Journey Map kann ergänzt werden um kritische Erfolgsfaktoren oder wichtige Stakeholder auf dem Weg zur optimalen Customer Experience (siehe Abb. 2.8).

Das Markenmanagement kann sich **für die Konzeption des Markenerlebnisses fünf (nach Schmitt** 2003) **bzw. sechs (nach Gentile et al.** 2007) **mögliche Ausprägungsdimensionen** zunutze machen:

Sensorische Erlebnisse
Die Stimulation der Sinneswahrnehmungen durch eine positive oder überraschende Wahrnehmung wie z. B. angenehme Düfte beim Betreten einer Autowerkstatt.

Emotionale Erlebnisse
Der Einsatz von Stimmungen und positiven emotionalen Empfindungen; So kann durch die Überreichung eines personalisierten Garantiescheines ein Gefühl der Sicherheit und Wertschätzung durch die individuelle Zusicherung erzeugt werden.

Kognitive Erlebnisse
Dieses Erlebnis stimuliert den Verstand des Kunden, indem der Kunde durch die Kommunikation oder das Produkt positiv überrascht wird. So kann ein Kunde in der Auseinandersetzung mit den Eigenschaften eines Automobils der Oberklasse im Vorkaufprozess von den technischen Eigenschaften des Fahrassistenten positiv überrascht und begeistert werden.

Verhaltensbezogene Erlebnisse
Die Schaffung einer physischen Erfahrung oder der Möglichkeiten zu einer Interaktion mit dem Produkt oder der Kommunikation. So kann das Angebot der Produktindividualisierung im Online-Store zu einer neuartigen Interaktion mit den Produkten und der Marke und somit zu einem positiven, überraschenden Erlebnis führen.

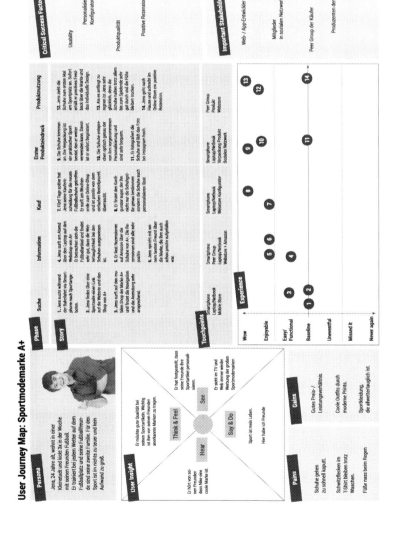

Abb. 2.8 Soll/Ziel Customer Journey Map

Soziale Erlebnisse
Die Schaffung eines Gemeinschafts- oder Communitygefühls, wie es zum Beispiel Nike mit der Fitness App Nike+ stimuliert.

Lifestyle Erlebnisse (nach Gentile et al. 2007)
Das Aufzeigen eines alternativen Lifestyles zum Beispiel in Punkto Nachhaltigkeit durch eine Marke oder ein Produkt.

Das Wichtigste in Kürze
- Touchpoints sind nicht standardisierbar, die genaue Betrachtung von Touchpoints gewinnt daher an Relevanz
- Anzahl der Touchpoints wächst: unterschiedliche Touchpoint-Klassifizierungen helfen den Überblick zu bewahren
- Touchpoint Bewertungen helfen, Touchpoints insbesondere mit Blick auf die Relevanz zur Generierung einzigartiger Kundenerlebnisse zu priorisieren
- Touchpoint-Innovationen bieten Potential ganzheitlicher und neuer Kundenerlebnisse
- Customer Journey Mapping bzw. Touchpoint Modellierung als zentrales Tool zur kundenzentrierten Aussteuerung von Markenaktivitäten
- Unterteilung von Ziel-Erlebnissen in sensorische, emotionale, kognitive, verhaltensbezogene, soziale und Lifestyle Erlebnisse

---

2.4 Customer Experience Journey effizient steuern

2.4.1 Kennzahlen zur Steuerung der Customer Experience Journey

Das Customer Experience Journey Management hat ergänzend zu klassischen Kennzahlen wie Markenbekanntheit und First Choice, die den Markenerfolg in der Markenpräferenzphase und der Informationsphase messen, als wichtige Zielsetzung die langfristige Kundenbindung. **Vor dem Hintergrund der höheren Glaubwürdigkeit von Weiterempfehlungen durch Kunden im Vergleich zu einseitigen Werbebotschaften, ist der Promotorenüberhang (Net Promotor Score [NPS]) eine wichtige Kennzahl zur Steuerung der CEJ** (Reichheld 2003). Die Weiterempfehlungsrate von Kunden bzw. der NPS gewinnt auch für 79 % der im Rahmen der Studie zum kundenzentrierten Markenmanagement befragten Experten gegenüber klassischen Kennzahlen wie der Markenbekanntheitsquote an Bedeutung (Top-Two Box, Jentschke und Theobald). Der Net Promotor Score misst die Differenz zwischen denjenigen Kunden, die eine Marke weiterempfehlen (Promotoren) und denjenigen Kunden, die eine Marke nicht weiterempfehlen (Detraktoren) anhand einer Skala von 0 (sehr unwahrscheinlich) bis 10 (sehr wahrscheinlich). Der Net Promotor Score kann Werte zwischen −100 % und +100 % annehmen. Net Promotor Score Werte über +50 % gelten als gut.

Daneben gibt es noch eine Reihe weiterer Kennzahlen, die helfen, Kundenerlebnisse zu messen. Forrester Research unterscheidet sogenannten Wahrnehmungskennzahlen, ergebnisbezogenen Kennzahlen und deskriptiven Kennzahlen (Forrester Research 2016). **Wahrnehmungskennzahlen** messen die subjektive Wahrnehmung der Kunden in Bezug auf Markeninteraktionen und geben an, wie gut die Erwartungen der Kunden erfüllt werden. Zu diesen Kennzahlen zählen beispielsweise die übergreifende Kundenzufriedenheit oder die Kundenzufriedenheit in Bezug auf bestimmte Teilaspekte des Kundeerlebnisses, wie z. B. die Zufriedenheit mit dem Kundendienstbesuch. **Ergebnisbezogene Kennzahlen** geben an, welche Aktivitäten Kunden nach einer bestimmten Interaktion mit der Marke (wahrscheinlich) ausüben. Hierzu zählen die Weiterempfehlungswahrscheinlichkeit, die Kaufwahrscheinlichkeit, Abwanderungsraten oder Kaufabschluss- bzw. Vertragsverlängerungsraten. **Deskriptive Kennzahlen** sind beobachtbare Kundeninteraktionen, die helfen, Kundenwahrnehmungen zu messen, einzuordnen und zu operationalisieren. Hierzu zählen beispielsweise durchschnittliche Besuchszeiten der Website, die durchschnittliche Anzahl aufgerufener Webseiten oder die durchschnittliche Dauer der Kundenanrufe. **Unternehmen sollten ein Set von Kennzahlen definieren, mit denen sie kontinuierlich die Kundenerfahrung an den Marken-Touchpoints messen.** Diese Kennzahlen dienen als Frühwarnsystem und helfen in einem kontinuierlichen Optimierungsprozess die eingesetzten Maßnahmen zu verbessern.

2.4.2 Spend Effectivness Analysen und Budgetierungsmodelle

Spend Effectivness Analysen haben das Ziel, Markeninvestitionen im Unternehmen an den Touchpoints zu tätigen, die einen großen Einfluss auf das Erlebnis der Kunden haben (Esch et al. 2016). Die tatsächlichen Kosten der Touchpoints werden gemessen und mit der Bedeutung der Touchpoints für das Kundenerlebnis verglichen. Die Analyse gibt allerdings kein dauerhaftes

Ergebnis für die optimale Budgetallokation – es handelt sich vielmehr um einen kontinuierlichen Lern- und Überprüfungsprozess, da sich die Kundewahrnehmung, das Wettbewerbsumfeld und die Touchpointrelevanz permanent weiterentwickeln (Hogan et al. 2005; Esch et al. 2016).

Die Steuerung der Budgetallokation kann zum Beispiel anhand von **Attributionsmodellen** erfolgen. Diese Modelle bilden den **Stellenwert eines Touchpoints innerhalb der Customer Experience Journey für die Zielerreichung ab** und weisen ihm einen adäquaten Budgetanteil zu. Die vorgestellten Modelle stammen ursprünglich aus der Messung und Auswertung der Touchpointbeiträge in der Online Customer Journey, die durch die Möglichkeiten der digitalen Erfolgsmessung die automatisierte Budgetzuweisung erlauben. Offline Touchpoints erfordern in der Regel einen zusätzlichen Aufwand für die Messung, um sie in diesen Modellen zu repräsentieren. Aufwendig zu messende Marketingziele wie zum Beispiel der Beitrag eines Touchpoints zum Markenaufbau oder zum Markenimage sind ebenfalls schwieriger in den Attributionsmodellen zu modellieren. Dennoch sind die Konzepte für die Budgetallokation interessant, da die Budgetzuweisung konsequent an der Zielerreichung ausgerichtet wird.

Attributionsmodelle können grundsätzlich in **statische** und **dynamische Modelle** unterschieden werden. Statische Attributionsmodelle zeichnet die Vorab-Festlegung der Budgetzuweisung nach definierten Regeln aus. Tab. 2.1 überträgt die bekannten statischen Attributionsmodelle auf das Touchpoint Management (Holland und Flocke 2014).

Tab. 2.1 Übersicht statische Attributionsmodelle

Modell	Vorgehensweise
Last-Touchpoint-Wins	Bei dieser Betrachtungsweise wird davon ausgegangen, dass der letzte Touchpoint in der Prozesskette wesentlich zum Verkauf bzw. Erfolg geführt hat. Daher wird 100 % des Budgets bzw. der Großteil des Budgets in diesen Touchpoint investiert
First-Touchpoint-Wins	Das Modell geht davon aus, dass der erste Touchpoint in der Prozesskette zum Verkauf/Erfolg geführt hat. Daher wird 100 % des Budgets in diesen Touchpoint investiert
Gleichverteilung des Budgets	Bei diesem Ansatz wird jedem Touchpoint in der Customer Journey das gleiche Budget zugewiesen, da alle Touchpoints gleichermaßen zum Verkauf/Erfolg beitragen
U-Modell	Bei diesem Modell wird davon ausgegangen, dass sowohl der erste als auch der letzte Touchpoint in der Prozesskette wesentlich zum Kundenerlebnis und Erfolg beitragen. Daher werden jeweils 50 % des Budgets in diese Touchpoints investiert

Bei dynamischen Attributionsmodellen werden individuell abgestimmte Faktoren für die Touchpoint-Bewertung zum Beispiel in Form eines Scoring-Modells zusammengestellt. Mögliche Faktoren für die Bewertung könnten beispielsweise die Reihenfolge der Touchpoints in der Customer Journey, die Reichweite der Touchpoints und die Kosten pro Kontakt sein. (Holland und Flocke 2014; Zunke 2012). In diesem dynamischen Scoring-Modell können Touchpoints mehr Budget erhalten, die einem Moment of Truth zuzurechnen sind, die eine große Reichweite haben oder die eine gute Kosten-/Kontaktrelation besitzen.

> **Das Wichtigste in Kürze**
> - Net Promotor Score (NPS) gewinnt als Kennzahl an Bedeutung
> - Wahrnehmungskennzahlen, ergebnisbezogene Kennzahlen und deskriptive Kennzahlen helfen, die CEJ kontinuierlich zu optimieren
> - Spend Effectivness Analysen helfen in Touchpoints zu investieren, die einen großen Einfluss auf das Kundenerlebnis haben
> - Attributionsmodelle bilden den Stellenwert eines Touchpoints für die Zielerreichung innerhalb der CEJ ab und weisen einen adäquaten Budgetanteil zu

Literatur

Adams, L., Burkholder, E., & Hamilton, K. (2019). Micro-moments: Your guide to winning the shift to mobile. In Google. Online (Hrsg.), https://think.storage.googleapis.com/images/micromoments-guide-to-winning-shift-to-mobile-download.pdf. Zugegriffen: 17. Dez. 2019.

Baumüller, N. (2017). Die Markenpositionierung – Ein zukunftsfähiges Element der strategischen Markenführung? In E. Theobald, (Hrsg.), *Brand Evolution: Moderne Markenführung im digitalen Zeitalter* (2., vollständig überarbeitete Aufl., S. 45–64). Wiesbaden: Springer.

Bitkom e. V. (2017). https://www.bitkom.org/Presse/Presseinformation/Kundenbewertungen-sind-wichtigste-Kaufhilfe.html. Zugegriffen: 19. Okt. 2019.

Court, D., Elzinga, D., Mulder, S., & Veltvic, O. J. (2009). The consumer decision journey. *McKinsey Quarterly, 3*.

Dentsu Aegis Resolution. (2014). http://static.dentsuaegisnetwork.com/m/de-DE/Pressespiegel/Charts_Dentsu%20Aegis_IP_Customer%20Journey_Smartphones.pdf. Zugegriffen: 20. Okt. 2019.

Edelman, D. C. (2013). Branding in the digital age. In *HBR's 10 must reads, on strategic marketing* (S. 15–28). Boston: Harvard Business Review.

Esch, F.-R. (2011). *Wirkung integrierter Kommunikation*. Wiesbaden: Springer.

Esch, F.-R., Stenger, D., Krieger, K. H., & Knörle, C. (2013). Die Kommunikation orchestrieren. In F.-R. Esch (Hrsg.), *Strategie und Technik des Automobilmarketing* (S. 171–213). Wiesbaden: Springer.

Esch, F.-R., Petri, J., Hanisch, J., Knörle, C., & Kochann, D. (2014). Führungskräfte als Markenbotschafter nutzen. In F.-R. Esch, T. Tomczak et al. (Hrsg.), *Corporate brand management* (S. 267–287). Wiesbaden: Springer.

Esch, F.-R., Klein, J. F., Knörle, C., & Schmitt, M. (2016). Strategie und Steuerung des Customer Touchpoint Management. In F.-R. Esch, T. Langner & M. Bruhn (Hrsg.), *Handbuch Controlling der Kommunikation. Grundlagen – Innovative Ansätze – Praktische Umsetzungen* (2. Aufl., S. 329–350). Wiesbaden: Springer.

Forrester Research. (2016). Seven steps to successful customer experience measurement programs. https://www.forrester.com/report/Seven+Steps+To+Successful+Customer+Experience+Measurement+Programs/-/E-RES91981. Zugegriffen: 2. Nov. 2019.

Gentile, C., Spiller, N., & Noci, G. (2007). How to sustain the customer experience: An overview of experience components that co-create value with the customer. *European Management Journal, 25*, 395–410.

Häusel, H.-G., & Henzler, H. (2018). *Buyer Personas: Wie man seine Zielgruppe erkennt und begeistert*. Freiburg: Haufe.

Heun, T. (2014). Die Erweckung des Verbrauchers – Zum Nutzen von Marken im digitalen Zeitalter. In S. Dänzler & T. Heun (Hrsg.), *Marke und digitale Medien* (S. 33–48) Wiesbaden: Springer.

Hogan, S., Almquist, E., & Glynn, S. E. (2005). Brand-building: Finding the touchpoints that count. *Journal of Business Strategy, 26*(2), 11–18.

Holland, H., & Flocke, L. (2014). Customer-Journey-Analyse-Ein neuer Ansatz zur Optimierung des (Online-) Marketing-Mix. In Deutscher Dialogmarketing Verband e. V. (Hrsg.), *Dialogmarketing Perspektiven 2013/2014. Tagungsband, Nr. 8. Wissenschaftlicher Interdisziplinärer Kongress für Dialogmarketing* (S. 825–855). Wiesbaden.

Internetworld. (2019). https://www.internetworld.de/e-commerce/online-handel/bevh-online-handel-waechst-um-11-2-prozent-1703641.html. Zugegriffen: 19. Okt. 2019.

Jentschke, M., & Theobald, E. (2019). Studie Kundenzentriertes Markenmanagement. https://de.slideshare.net/DrMirjamJentschke/studie-kundenzentriertes-marken-management-03122019. Zugegriffen: 8. Dez. 2019.

Khanna, M., Jacob, I., & Yadav, N. (2014). Identifying and analyzing touchpoints for building a higher education brand. *Journal of Marketing for Higher Education, 24*(1), 122–143.

Kotler, P., Kartajaya, H., & Setiawan, I. (2017). *Marketing 4.0 – Moving from traditional to digital*. Hoboken: Wiley.

Kreutzer, R. T., Neugebauer, T., & Pattloch, A. (2017). *Digital business leadership: Digitale transformation, Geschäftsmodell-innovation, Agile organisation, change-management*. Wiesbaden: Springer.

Kruse Brandão, T., & Wolfram, G. (2018). Digital connection. In T. Kruse Brandão & G. Wolfram (Hrsg.), *Digital Connection: Die bessere Customer Journey mit smarten Technologien – Strategie und Praxisbeispiele* (S. 91–107). Wiesbaden: Springer.

Kühnl, C., & Prigge, J.-K. (2013). Kundenpriorisierung zur Wahrung profitabler Geschäftsbeziehungen. In M. Bruhn (Hrsg), *Handbuch Kundenbindungsmanagement* (S. 549–577). Wiesbaden: Springer.

Kumar, V., Bhagwat, Y., & Zhang, X. (2015). Regaining "lost" customers: The predictive power of first-lifetime behavior – The reason for defection, and the nature of the winback offer. *Journal of Marketing, 79*, 34–55.

Loria, K. (2018). Sports scientists say this free fitness app is one of the best to help you get stronger – here's what it's like. https://www.businessinsider.de/nike-training-club-how-to-use-workout-app-2018-8?op=1. Zugegriffen: 17. Dez. 2019.

Macdonald, E. K., Wilson, H. N., & Konus, U. (2014). Der direkte Draht zum Verbraucher. *Harvard Business Manager, 1*, 16–23.

Peppers, D., & Rogers, M. (2017). *Managing customer experience and relationships: A strategic framework*. Hoboken: Wiley.

Reichheld, F. F. (2003). The one number you need to grow. *Harvard Business Review, 81*(12), 46–54.

Sander, M. (2017). Der Einfluss der Digitalisierung auf die Markenstrategie und das Markenerlebnis. In E. Theobald (Hrsg.), *Brand evolution: Moderne Markenführung im digitalen Zeitalter* (2., vollständig überarbeitete Aufl., S. 197–214). Wiesbaden: Springer.

Schmitt, B. H. (2003). *Customer experience management: A revolutionary approach to connecting with your customer*. Hoboken: Wiley.

Schüller, A. M. (2012a). *Touchpoints: Auf Tuchfühlung mit dem Kunden von heute – Managementstrategien für unsere neue Businesswelt* (4. Aufl.). Offenbach: GABAL.

Schüller, A. M. (2012b). Gute Frage: Was genau ist eigentlich das Customer Touchpoint Management. https://blog.anneschueller.de/gute-frage-was-genau-ist-eigentlich-das-customer-touchpoint-management/. Zugegriffen: 29. Dez. 2019.

Schüller, A. M. (2017). EPOMS, touchpoints und customer journey. Die Kaufreise des Kunden wirklich verstehen. *Branchentrends im Dialogmarketing, 6*, 1–7. https://www.anneschueller.de/ebooks.html. Zugegriffen: 18. Dez. 2019.

Sharp, B. (2017). *How brands grow – What marketers don't know*. South Melbourn: Oxford University Press.

Statista. (2019). https://de.statista.com/statistik/daten/studie/804638/umfrage/online-dating-nutzer-in-deutschland/. Zugegriffen: 19. Okt. 2019.

Totz, C., & Werg, F. U. (2014). Interaktionen machen Marken – wie die Digitalisierung Interaktionen zum Kern der Markenführung macht. In: S. Dänzler & T. Heun (Hrsg.), *Marke und Medien: Der Wandel des Markenkonzepts im 21. Jahrhundert* (S. 113–132). Wiesbaden: Springer.

Zunke, K. (2012). Dem Kunden auf der digitalen Spur. *Aquisa, 9*, 18–23. https://www.genios.de/fachzeitschriften/artikel/ACQ/20120905/dem-kunden-auf-der-digitalen-spurde/091205016.html. Zugegriffen: 29. Dez. 2019.

Implikationen für klassische Steuerungsansätze des Markenmanagements

3.1 Organisatorische Implikationen

Die Ausrichtung des Markenmanagements an der Customer Experience gelingt nur dann, wenn unternehmensintern die richtigen Weichen gestellt werden. Hierzu sind häufig organisatorische Anpassungen erforderlich (Fader 2012). **79 % der Befragten** der Studie zu kundenzentriertem Markenmanagement **gaben an, dass für die Umsetzung der Kundenorientierung prozessuale Veränderungen im Markenmanagement erforderlich sind, 71 % der Befragten erachteten strukturelle Veränderungen als notwendig** (Top-Two Box, Jentschke und Theobald 2019).

Eine stärkere Ausrichtung am Kunden erfordert eine **interdisziplinäre Zusammenarbeit aller Funktionen, die Einfluss auf die Customer Experience Journey und die Touchpoints zum Kunden nehmen.** Das sind unternehmensintern insbesondere alle Marketingbereiche, Vertrieb und Service sowie unternehmensextern Händler sowie Marketing- und Kommunikationsagenturen (Peppers und Rogers 2017). Eine klare Abgrenzung der Touchpoint-Verantwortlichkeiten und der damit verbundenen Tasks innerhalb der unterschiedlichen Funktionen ist kaum noch möglich. Die Interdependenzen zwischen den Touchpoints und der Anspruch einheitlicher, aufeinander aufbauender Markenerlebnisse erfordert eine verstärkte Koordination zwischen unterschiedlichen Bereichen und Funktionen. Daraus ergeben sich **Fragestellungen hinsichtlich der Führung- bzw. Gesamtverantwortung für die CEJ und Fragestellungen zu Abstimmungsprozessen der unterschiedlichen Bereiche** (Esch 2012). Darüber hinaus **gewinnen auch neue Kompetenzen an Bedeutung** (Edelman 2013), die im Unternehmen bisher nicht oder nicht in ausreichendem Maße vorhanden waren.

© Springer Fachmedien Wiesbaden GmbH, ein Teil von Springer Nature 2020
E. Theobald und M. Jentschke, *Kundenzentriertes Markenmanagement,*
essentials, https://doi.org/10.1007/978-3-658-28022-2_3

3.1.1 Neue Kompetenzen und Formen der Zusammenarbeit

87 % der befragten Experten der Studie zum kundenzentrierten Marken-management **stimmen zu, dass interdisziplinäre Teams mit unterschied-lichen Kompetenzen den Anforderungen eines kundenzentrierten Markenmanagements am besten gerecht werden.** Nur 23 % der befragten Experten glauben, dass diese Teams gleichbleibend stabil sein müssen (Top-Two Box, Jentschke und Theobald 2019). Zudem zeigt sich, dass eine Neu-Priorisierung der Fachkompetenzen erforderlich ist und neue Formen der Zusammenarbeit, die über das klassische Projektmanagement hinausgehen (siehe Abb. 3.1), zielführend sind. **Datenanalysekompetenzen rücken gegen-über kreativen und technischen Kompetenzen bei den Fachkompetenzen in den Vordergrund.** 61 % der befragten Experten geben als *völlig zutreffend* an, dass Datenanalysekompetenzen bei der Umsetzung der Kundenzentrierung im Markenmanagement helfen (Jentschke und Theobald 2019).

Das Orchestrator-Model nach De Swaan Arons et al. (2014) bietet eine Antwort auf die Bedeutungsverlagerung zu Datenanalysekompetenzen und zu wechselnden, interdisziplinären Teams (siehe Abb. 3.2). Um Kunden-bedürfnissen schneller gerecht zu werden, können flexible Taskforces gebildet werden, die sich je nach Aufgabenstellung in unterschiedlicher Gewichtung aus

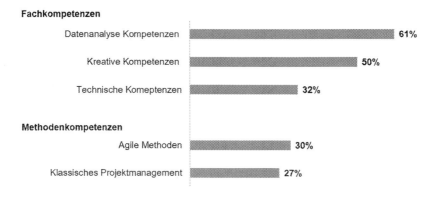

n=90; 5-stufige Likert-Skala, Nennungen „Trifft völlig zu" in %

Abb. 3.1 Bedeutung unterschiedlicher Kompetenzen für das Markenmanagement

Abb. 3.2 Orchestrator-Model nach De Swaan Arons et al. (2014)

Experten aus den drei Bereichen Daten/Datenanalyse (Kernkompetenz *Denken*), Customer Engagement (Kernkompetenz *Fühlen*) und Content/Produktion (Kernkompetenz *Handeln*) zusammensetzen (De Swaan Arons et al. 2014). Die Task Forces bestehen nicht nur aus internen, sondern bei Bedarf auch aus externen Experten. Diese flexiblen Taskforces können besser unterschiedlichen Kundenbedürfnissen gerecht werden. Soll beispielsweise eine Lösung für den Kundenwunsch nach mehr persönlicher Beratung in der Kaufphase gefunden werden, werden Customer Engagement Kompetenzen in der Taskforce stärker gewichtet. Steht in einem anderen Fall der Kundenwunsch nach einer einfacheren Nutzerführung auf der Website im Vordergrund, werden Datenanalyse-Kompetenzen in der Taskforce stärker gewichtet. Die Zusammenstellung der Task Forces obliegt dem sogenannten Orchestrator.

Diese **koordinative Funktion im Sinne eines Orchestrators kommt dem Markenmanagement zu.** Es trägt innerhalb des Unternehmens die Gesamtverantwortung für die Marke (Burmann et al. 2012) und eine positive Customer Experience und hat die Aufgabe, unterschiedliche Kompetenzen bzw. Funktionsbereiche zusammenbringen, um dies zu gewährleisten. Auch die **Gestaltung strategischer Vorgaben zur Steuerung der CEJ** ist ein zentraler Erfolgsfaktor zur Steigerung der Kundenzentrierung (Homburg et al. 2017). Unter diese strategischen Vorgaben fallen zum Beispiel die inhaltlich-thematische Themensetzung entlang der CEJ, die Definition der formalen Ausgestaltung der Touchpoints, die kontextbezogene Ausgestaltung der Touchpoints sowie Handlungsvorgaben zur Verbindung der Touchpoints. Darüber hinaus fußt der Erfolg des Customer Journey Managements auch auf der **Fähigkeit der ständigen Überprüfung und Anpassung der Customer Experience** (Homburg et al. 2017). Auch diese koordinative Fähigkeit, zu der die Definition der CEJ und relevanter Touchpoints, die Priorisierung von Touchpoints und deren inhaltliche Ausgestaltung sowie das Monitoring und die Anpassung von Touchpoints zählen, muss im Markenmanagement verankert werden. Neben der Gesamtkoordination stellt sich die Frage nach der **Strukturierung des Markenmanagements.** 68 % der im Rahmen der Studie zu kundenzentriertem Markenmanagement befragten Experten erachten eine Aufstellung des Markenmanagements nach unterschiedlichen CEJ Phasen für sinnvoll. Demgegenüber wurde eine Aufstellung nach Touchpoints oder Kaufanlässen mit jeweils 59 % (Top-Two Box, Jentschke und Theobald 2019) als weniger relevant betrachtet. Dies ist darauf zurückzuführen, dass unterschiedliche Phasen der CEJ unterschiedliche Kompetenzen erfordern. Während bspw. in der Markenpräferenzphase klassisches Kampagnenmanagement im Vordergrund steht, gewinnen in der Informations- oder Nutzungsphase Datenanalysekompetenzen an Bedeutung.

3.1.2 Agile Denkweisen und Methoden

Agile Methodenkompetenzen gewinnen an Relevanz bei der Koordination der CEJ. Sie werden von den Experten gleich wichtig erachtet wie klassische Projektmanagementkompetenzen (30 % vs. 27 % (Nennungen *Trifft völlig zu,* Jentschke und Theobald 2019). Klassisches Projektmanagement mit einer linearen und langfristigen Planung lässt kaum flexible Anpassungen zu und kommt daher schnell an seine Grenzen. Sowohl agile Denkweisen als auch agile Methoden können helfen, Markenmaßnahmen und -kommunikation zu entwickeln, die den immer differenzierteren, sich schnell ändernden Kundenbedürfnissen besser gerecht werden.

Zu den **agilen Grundprinzipien für das Marketing** (The Agile Marketing Manifesto 2012) zählen:

- Validiertes Lernen, anstelle von Meinungen und starren Regel
- Kundenzentrierte Zusammenarbeit, anstelle von Silos und Hierarchien
- Adaptive und iterative Kommunikationsmaßnahmen, anstelle großer, einmaliger Kampagnen
- Kundenbedürfnisse sukzessive entdecken, anstelle statischer Vorhersagen
- Flexible Planung, anstelle starrer Planung
- Veränderungsbereitschaft, anstelle Festhalten an Vorgaben
- Viele kleine Versuche, anstelle einmaliger, großer Vorstöße.

Ein **iterativer, dynamischer Kommunikationsansatz** erlaubt es beispielsweise mit kleinen, schnell testbaren Kommunikationsmaßnahmen, ein schnelles

Kundenfeedback einzuholen. Unsicherheiten und Risiken des Scheiterns werden damit in einem sehr frühen Status erkannt und können schnell korrigiert werden. Damit geht in Marketingorganisationen die Akzeptanz einer Fehlerkultur einher. Schnelle Reaktionsfähigkeit basiert auf iterativen Testen und Lernen. Diese Herangehensweise ist für 88 % der Befragten in der Studie zum kundenzentrierten Markenmanagement wichtig (Top-Two Box, Jentschke und Theobald 2019).

Auch die Fokussierung auf klar definierte Teilschritte kann die Geschwindigkeit, mit der die Maßnahmen beim Kunden sichtbar werden, erhöhen. Gerade im digitalen Umfeld kann die Zeit zwischen Kreation und Implementierung damit auf 48–72 h verkürzt werden (Deloitte 2019). Dies erlaubt es Marken, situativ kundenrelevante Themen zu belegen. So lassen sich bspw. im Rahmen von Sportsponsoring bei Teamwettbewerben bspw. schnell T-Shirts von Finalisten drucken (Deloitte 2019). Aber auch strategisch-konzeptionelle Aufgabenstellungen der Markenführung lassen sich mit agilen Methoden lösen, da sie meist in Abhängigkeit zu einem sich immer schneller ändernden technologischen, sozialen und ökonomischen Umfeld stehen, einen innovativen Charakter haben und unterschiedliche Kompetenzen erfordern (Jentschke und Rätsch 2019).

Agile Denkweisen erfordern die Bereitschaft, Kompetenzen über die funktionale Verantwortung zu stellen, in optimierbaren Produkten und Services zu denken und das Streben nach perfekten Konzepten und Strategien abzuschwächen. Dies setzt im gesamten Unternehmen die Bereitschaft voraus, sich ständig zu erneuern. Darüber hinaus wird Verantwortung an das Team übertragen. Damit wird die Verbundenheit zu dem Projekt gestärkt und Entscheidungen werden beschleunigt (Kreutzer und Land 2017). Die Zusammenarbeit in agilen, cross-funktionalen Teams hat damit auch einen positiven Effekt auf das Unternehmenswachstum. Konsumgüterunternehmen, die klassische Silos aufbrechen und bspw. Sales- und Marketingfunktionen integrieren, weisen Wachstumsraten auf, die 4,1 % über den Wachstumsraten konventionell aufgestellter Konsumgüterunternehmen liegen (McKinsey 2019).

Casestudy Agile Transformation in klassischen Industrieunternehmen
Zu den Industrieunternehmen, die traditionelle Organisationsstrukturen zugunsten einer agilen Struktur verlassen haben, gehört Bosch Powertools. Fünf Hierarchieebenen wurden 2016 auf drei Ebenen reduziert und eine Matrix aus kleinen Teams mit je 5–11 Mitarbeitern implementiert. In der Business Unit Gartengeräte gibt es bspw. 54 dieser Teams, die jeweils auf einem bestimmten *Purpose* arbeiten z. B. *Hecken Schneiden*. Diese Teams berichten direkt an das Management der jeweiligen Business Unit. Daneben gibt es weiterhin Exzellenzteams wie Entwicklungsservices, die die

agilen Teams unterstützen. Während in der klassischen Linienorganisation 1,5 Jahre benötigt wurden, um Produkte in den Markt zu bringen, können die interdisziplinär besetzten, agilen Teams, die sich aus den vier Bereichen Entwicklung, Qualität, Marketing und Fertigung zusammensetzen, in nur wenigen Monaten Prototypen in den Markt bringen und sukzessive optimieren. Zu den Erfolgsfaktoren der agilen Transformation zählten die Stärkung der Eigenverantwortung, eine Führung, die Wertschöpfung stärkt, statt Kontrolle auszuüben, Investition in die Weiterbildung zu agilen Methoden und das Setzen auf Freiwillige, die die Methoden zunächst in Pilotprojekten erproben (Handelsblatt 2018; Diginomica 2019).

Die Umstellung auf agile Denkweisen und Methoden im Markenmanagement erfordert Zeit. Zunächst können im Rahmen einer Pilotierung einzelne Bereiche oder Projekte der Markenorganisation agil aufgestellt werden. Die Erkenntnisse der Pilotierung können im Anschluss auf die komplette Marken- und Marketingorganisation übertragen werden (Deloitte 2019). Das bedeutet auch die Co-Existenz klassischer und agiler Strukturen zu akzeptieren, die zu Reibungen und Effizienzverlusten führen kann. **Agile Methoden, die eine Umstellung der Struktur erfordern, und agile Denkweisen, die einen kulturellen Wandeln voraussetzen, gehen dabei Hand in Hand und müssen parallel initiiert werden.** Ein agil aufgestelltes Markenmanagement ermöglicht eine schnelle und markenadäquate Reaktion auf Kundenbedürfnisse, indem es enge Handlungsvorgaben durch eigenverantwortliche, auf Basis von Visionen und Prinzipien handelnde Teams, ersetzt.

Das Wichtigste in Kürze
- Strukturelle und prozessuale Veränderungen im Markenmanagement sind erforderlich, um Kundenzentrierung zu gewährleisten
- Interdisziplinäre Teams mit ausgeprägter Datenanalyse-Kompetenz rücken in den Vordergrund
- Markenmanagement obliegt Koordination der CEJ und Schaffung strategischer Vorgaben
- Aufstellung des Markenmanagements nach CEJ Phasen bedeutsamer als Aufstellung nach Touchpoints oder Kaufanlässen
- Agile Kompetenzen gewinnen gegenüber klassischen Projektmanagement-Kompetenzen an Bedeutung
- Agile Denkweisen und Methoden müssen zeitgleich über Pilot-Projekte in der Markenorganisation implementiert werden

3.2   Veränderungen im Kommunikationsfokus

Von der Penetration zur Persuasion
Die Ausrichtung der Kommunikation an den unterschiedlichen Kundenbedürfnissen entlang der Customer Experience Journey führt zu einem ver-
änderten Kommunikationsfokus, der eine aus Kundensicht selbstbestimmte
Pull-Kommunikation in den Vordergrund stellt, bei der Informationen aktiv
vom Kunden gesucht werden, die Interaktion zulässt und personalisierte
Inhalte anbietet. **Für 91 % der befragten Experten der Befragung zum
kundenzentrierten Markenmanagement gewinnt die personalisierte
Kommunikation mit den Kunden an Bedeutung.** Im Vergleich dazu ver-
liert die klassische Push-Kommunikation, bei der einseitig Kommunikations-
botschaften von Marken an Kunden gesendet werden und die auf eine breite
Streuung von klassischen Werbebotschaften setzt, an Bedeutung – nur
20 % der befragten Experten messen ihr z. B. in der Produktinformationsphase Bedeutung bei (Top-Two Box, Jentschke und Theobald 2019). Damit
rückt die Überzeugungsarbeit in spezifischen Kommunikationssituationen
(Persuasion) gegenüber der repetitiven Verbreitung einseitiger Werbebotschaften
(Penetration) in den Vordergrund.

Inhaltliche Ausgestaltung der Kommunikation
Auch die inhaltliche Ausgestaltung der Kommunikation verändert sich. 74 % der
Befragten der Studie zum kundenzentrierten Markenmanagement sind der Überzeugung, dass in der Markenpräferenzphase die Emotionalität gegenüber der
Funktionalität von Inhalten im Vordergrund stehen sollte. In der Informationsphase nimmt der Bedarf an emotionaler Kommunikation ab, nur 61 % stimmen
hier dieser Aussage zu und in der Nutzungsphase nur 63 % (Top-Two Box,
Jentschke und Theobald 2019). Durch Kundendialoge in den sozialen Medien
und Angebote wie Vergleichsportale gibt es in vielen Branchen mehr Transparenz
bezüglich des funktional-technischen Nutzens der Produkte und Services, die
damit auch wieder mehr Bedeutung für die Markenkommunikation erhalten und
gerade in der Informations- und Nutzungsphase bedient werden müssen. Dadurch
gewinnt bspw. Content-Marketing durch informierende und beratende Inhalte an
Bedeutung und die Marke wird zur Redaktion (Schmid 2014). Narrative Formate
und Storytelling können die Vermittlung der Inhalte unterstützen, allerdings
immer unter der Prämisse, dass die Informationen authentisch zur Marke passen
(Niederhäuser und Rosenberger 2017).

Primat der Konsistenz und (funktionale) Differenzierung
In der Studie zum kundenzentrierten Markenmanagement ist für die Befragten klar: **Die digitalen Kontaktpunkte wie z. B. die mobile Website verschiedener Marken einer Branche müssen sich visuell (77 %) und inhaltlich unterscheiden.** Allerdings gilt diese Differenzierungsforderung nicht für den Aufbau und die Aufbereitung von Inhalten und auch nicht für die Bedienung: Hier sehen nur 28 % den Bedarf für einer Differenzierung unterschiedlicher Marken. Gerade die letztgenannten Einstellungen können aus der Überlegung abgeleitet werden, dass Kunden bekannte Bedienkonzepte und Erwartungshaltungen bezüglich zum Beispiel der Websitestruktur und Navigation auch auf der eigenen Marken-Webseite wiederfinden sollten, um einen niederschwelligen Zugang zur Erschließung der Inhalte anzubieten. Diese Überlegungen stehen nicht im Gegensatz zu den Forderungen von Totz und Werg, **Signature Interactions** für Marken zu entwickeln (Totz und Werg 2014). Marken müssen bei der Gestaltung ihrer interaktiven Touchpoints Signature Interactions designen, die die Interaktion mit der Marke einzigartig machen. Diese Interaktionen können zum Beispiel das Verhalten der Servicemitarbeiter im Call Center sein oder funktionale Eigenschaften einer Website wie zum Beispiel ein Produkt-Konfigurator. Gleichzeitig muss Markenkommunikation aber auch auf allgemein vertraute, nicht-markenspezifische Mechanismen setzen.

Data Driven/Echtzeit-Kommunikation
Die Datenverfügbarkeit der Kundenreaktionen auf die Markenkommunikation führt zu Steuerungsmöglichkeiten in Echtzeit. So wird auch für 83 % der Befragten in der Studie zum kundenzentrierten Markenmanagement das Verständnis der Kundenbedürfnisse durch die Auswertung digitaler Daten verbessert. 70 % der Befragten erachten eine schnelle Reaktion in der Kommunikation zum Kunden als wichtig (Top-Two Box, Jentschke und Theobald 2019). Die **kundenindividuelle Datensammlung, die Einbeziehung von Kontextfaktoren und die immer stärkere Marketingautomation schaffen kundenindividuelle Kommunikationsanlässe** und auch **individuelle Kommunikationsinhalte.** Die Zukunft gerade der digitalen Kommunikation könnte in einem Baukastensystem liegen, in dem die Touchpoints und die Kommunikation adaptiv an den jeweiligen Kunden im passenden Kontext angeboten werden.

Großes Potenzial für die Customer Experience ergibt sich vor allem **durch vernetzte Produkte, da der Kunden nun bis in die Verwendungsphase hinein betreut und begleitet werden kann** (Kruse Brandão und Wolfram 2018) So erschließen sich in der Nutzungsphase entlang der Customer Journey Erkenntnisse, die für die weitere Gestaltung der Touchpoints und der Kommunikation hilfreich sind. Die Kundenerfahrung kann mithilfe der personalisierten Kommunikation verbessert werden und es entstehen neue Möglichkeiten, weitere Informationen über die Kunden durch Social Media Monitoring, die Daten von Chatbots oder Wearables zu nutzen. Diese Informationen können für neue Ansätze der Zielgruppensegmentierung, für spezifischeres Targeting oder die personalisierte Ansprache verwendet werden. Aus Markensicht wird die Customer Journey dadurch besser steuerbar, aber auch wesentlich komplexer (Cadonau 2018).

Das Wichtigste in Kürze
- Persuasion und Pull-Kommunikation gewinnen an Bedeutung
- Kommunikation muss in der Markenpräferenzphase emotionale Bedürfnisse, im weiteren Verlauf der CEJ auch funktionale Bedürfnisse adressieren
- Kommunikation wird bestimmt durch das Spannungsverhältnis zwischen Wettbewerbsdifferenzierung und Adaption gewohnter User Experiences
- Kundenindividuelle Kommunikationsanlässe, adaptive Kommunikation und schnelle Reaktionszeiten werden zu Erfolgsfaktoren der Kommunikation

3.3   Implikationen für die Markenstrategie

Markenmanagement bezeichnet die Planung, Koordination und Kontrolle von Strategien und Maßnahmen mit dem Ziel des Aufbaus einer starken Marke bei den definierten Zielgruppen. Dem Markenmanagement kommt die Aufgabe zu, funktions- und unternehmensübergreifend alle Entscheidungen und Maßnahmen, die die Marke betreffen, zu integrieren und zu steuern (Burmann et al. 2012). Der strategische Kompass für die Steuerung, die Planung und die Koordination von Marken sind **klassische Markenpositionierungsmodelle, bei denen die Bestimmung der Markenidentität in Abgrenzung zum Wettbewerb im Vordergrund steht** (Kapferer 2012). Die Markenpositionierung dient dabei als Grundlage für Richtlinien, in denen markenprägende Merkmale wie Markenidentität, Werte oder Visionen für unterschiedliche Bereiche des Marketings operationalisiert werden.

Sowohl starre Markenpositionierungsmodelle als auch daraus resultierende Richtlinien bieten wenig Flexibilität und Handlungsspielraum, um der

Kundenzentrierung mit dem Zielbild positiver Kundenerlebnisse gerecht zu werden. Dies spiegelt auch die Befragung zum kundenzentrierten Markenmanagement wider. **82 % der Befragten der Studie zu kundenzentriertem Markenmanagement sehen die zentrale Herausforderung im Markenmanagement darin, flexibel auf Kundenanforderungen zu reagieren** (Top-Two Box, Jentschke und Theobald 2019). Hierzu sind nach Auffassung der Experten vor allen Dingen **Prinzipien im Sinne von Grundregeln notwendig.** Richtlinien im Sinne von konkreten Handlungsanweisungen treten hingegen in den Hintergrund (Jentschke und Theobald 2019).

Die Kunden erwarten von Marken einerseits Konsistenz, Glaubwürdigkeit und Authentizität, denn besonders in der schnelllebigen Zeit mit vielen Unsicherheiten und auch politischen Krisen suchen Menschen nach Marken, auf die sie sich verlassen können. Anderseits erwarten Kunden auch Stimulanz durch neue Erlebnisse, eine gesteigerte Convenience und die Anpassung der Marken an die neuen, sich ständig ändernden Lebenswirklichkeiten und damit mehr Flexibilität und Relevanz.

Die Markenstrategie muss daher dem Spannungsfeld zwischen Stabilität und Relevanz gerecht werden. Stabilität wird durch eine attraktive, konsistente und nachhaltig differenzierende Markenidentität vermittelt, die in eine einprägsame Erscheinung mit klaren und glaubwürdigen Markenbotschaften übersetzt wird. **Kontinuität,** d. h. Selbstähnlichkeit im Zeitverlauf und **Konsistenz,** d. h. Selbstähnlichkeit von Markentouchpoints zu einem bestimmten Zeitpunkt, sind **weiterhin eine Grundvoraussetzung für die kommunikative Wirksamkeit und den Erfolg einer Marke.** So stimmten 73 % der Experten in der Befragung zum kundenzentrierten Markenmanagement zu, dass die Konsistenz der Markenaktivitäten weiterhin bedeutsam ist (Top-Two Box, Jentschke und Theobald 2019).

Allerdings besitzt für 93 % der Befragten die Kohärenz d. h. der logische Zusammenhang aller Markenaktivitäten größere Relevanz als die Konsistenz. Alle Touchpoints einer Marke sollen vom Kunden zusammenhängend wahrgenommen werden. Die nahtlose Wahrnehmung der Marke über alle Touchpoints hinweg **(Seamlessness)** ist damit ein weiteres zentrales Ziel des Markenmanagements.

Zudem gewinnt auch die Einzigartigkeit von Marken in Entscheidungssituationen des Kunden an Bedeutung. Klassische Positionierungsansätze, die die Überzeugung des Kunden durch einseitige Markenbotschaften im Rahmen von klassischen Werbekampagnen in den Vordergrund stellen, werden durch das **Prinzip der Salienz** abgelöst (Sharp 2017). **Die Salienz einer Marke bzw. Markenidentität wird bestimmt durch ihre subjektive Bedeutung für den Kunden und ihre Relevanz in bestimmten, kaufverhaltensrelevanten**

Situationen (Jentschke 2016). Salienz wird durch eine kontinuierliche Markenpräsenz erzeugt, die relevante Assoziationen beim Kunden hervorruft (Sharp 2017). Diese kontextbasierten Aspekte, die in klassischen Positionierungsmodellen weitestgehend unberücksichtigt bleiben, werden in kontextbasierten Markenstrategien zugrunde gelegt.

Kontextbasierte Markenstrategie
Der Kontext, in dem ein Markenerlebnis stattfindet, wird mit der Vielfalt der Touchpoints immer bedeutsamer (Baetzgen 2015) und hat damit einen erheblichen Einfluss auf die Markenwahrnehmung. Dabei geht es zum einen um den **weiten Kontext,** der sich durch geographische oder kulturelle Zuordnungen greifen lässt, aber auch um den **äußeren Kontext** wie z. B. den sozialen, technischen, räumlichen, zeitlichen oder klimatischen Kontext (Zerr et al. 2017). Diese Faktoren werden durch die Kunden unmittelbar wahrgenommen und haben einen Einfluss auf die Gesamtwirkung der Marke. So agieren Menschen unterschiedlich in öffentlichen oder privaten Räumlichkeiten. Informationen aus dem **inneren Kontext,** also Informationen aus der Nutzungssituation des Kunden, sein emotionaler, intentionaler oder verhaltenshistorischer Kontext können zudem wesentlich die Erlebnisqualität beeinflussen. So kann das Vorhaben des Kunden (intentionaler Aspekt), *schnell* einen Einkauf durchzuführen, zu einem anderen Einkaufserlebnis des Kunden am POS führen als wenn der gleiche Kunde bei einem weiteren Besuch den Einkauf mit dem Ziel durchführt, sich ausführlich zu informieren und inspirieren zu lassen.

Die Markenstrategie darf nicht bei dem dauerhaft in Markenidentität und Markenpositionierung verankerten Status quo verharren, sondern muss **Kontextfaktoren,** die einem ständigen Wandel unterliegen, einbeziehen und zulassen und unterliegt damit auch einem Kontrollverlust über die Markenwahrnehmung.

Modell zum Kontextbasierten Markenmanagement (Context based brand management) nach Baetzgen (2015)
Einen Ansatz zur kontextbasierten Markensteuerung liefert Baetzgen in seinem Modell des kontextbasierten Markenmanagements (vereinfachte Darstellung siehe Abb. 3.3) (Baetzgen 2015). Er stellt Markentouchpoints in den Mittelpunkt der Markenstrategie. Sie werden zum einen durch die Kontextfaktoren bestimmt, zum anderen durch die Marke selbst. Zu den Kontextfaktoren zählt die spezifische Situation (gelegentlich, variabel), in der sich Kunden befinden und die den Wert des Erlebnisses bestimmt, sowie das Umfeld (generell, extern), welches die Relevanz im Alltag determiniert. Die Marke (intern, stabil) ist der dritte Faktor, der Einfluss auf die Markentouchpoints nimmt und Konsistenz vermittelt. Sie ist

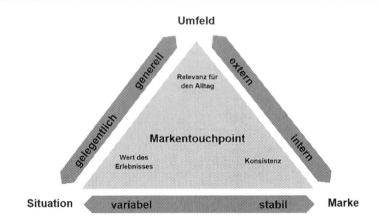

Abb. 3.3 Context based brand management nach Baetzgen (2015)

der einzige Faktor, der sich durch das Unternehmen direkt steuern lässt. Umfeld und Situation lassen sich nicht direkt steuern, müssen aber in der Konzeption der Markentouchpoints berücksichtigt werden.

Anpassungsbedarf identitätsbasierte Markenführung
Auch identitätsbasierte Markenführungsmodelle (Aaaker und Joachimsthaler 2000; Kapferer 2002; Meffert und Burmann 2002), die die Übereinstimmung des Selbstbildes der Marke (Markenidentität) mit dem Fremdbild der Marke (Marken-image) als Grundlage der Verhaltensrelevanz einer Marke beim Kunden und letzt-lich dem Markenerfolg sehen, beziehen kontextbasierte Aspekte in ihre Modelle ein (Burmann et al. 2018). **Die Customer Experience Journey und die ihr zugrunde liegenden Brand Touchpoints stellen das verbindende Element zwischen der Markenidentität und dem Markenimage dar.** Markenverhalten der Mitarbeiter und Markennutzenversprechen prägen die Markentouchpoints einerseits, ander-seits werden die Markentouchpoints beeinflusst durch die Kundenbedürfnisse und individuelle Erfahrungen der Kunden mit der Marke (siehe Abb. 3.4)

Die Markentouchpoints und die Customer Experience werden aber auch maßgeblich durch die Einflüsse Dritter z. B. in Form von User Generated Content geprägt. Da diese Einflüsse nur bedingt durch Marken gesteuert werden können, führen sie zu einer höheren Komplexität des Markenmanagements und **der Auf-bau eines Ziel-Markenimages rückt gegenüber dem situativ bestimmten Markenerlebnis in den Hintergrund** (Kreutzer und Land 2017).

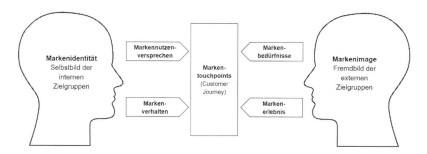

Abb. 3.4 Grundkonzept der identitätsbasierten Markenführung

Die Markenstrategie bildet den Handlungsrahmen des operativen Marketing-Mix, der sich mit der Ausgestaltung der Markentouchpoints befasst. Die Flexibilisierung markenstrategischer Ansätze durch die stärkere Gewichtung von Kontextfaktoren führt auch zu einer Hinterfragung des klassischen Marketing-Mix bestehend aus Produkt-, Preis-, Distributions- und Kommunikationspolitik. Die **holistische Sicht auf die Customer Experience Journey** führt zu zahlreichen Überschneidungen im Marketing-Mix und **macht letztlich eine getrennte Betrachtung von Produkt-, Preis-, Distributions- und Kommunikationspolitik überflüssig.** In den Vordergrund treten bspw. Marken-Ökosysteme und Plattformen wie z. B. Amazon oder Google, die alle Aspekte des Marketing-Mix vereinen (Kreutzer und Land 2017).

Das Wichtigste in Kürze

- Kohärenz wichtiger als Konsistenz für Markenmanagement
- Salienz gewinnt an Bedeutung gegenüber starrer Positionierung
- Salienz wird bestimmt durch subjektive Bedeutung und situative Relevanz für den Kunden
- Kontextbasierte Markenstrategien berücksichtigen neben Markenidentität auch Situation und Umfeld
- Markenidentitätsbasierte Markenführungsansätze berücksichtigen Customer Journey als Schnittstelle zwischen Markenidentität und Markenimage
- Produkt-, Preis-, Distributions- und Kommunikationspolitik verschmelzen und werden durch holistische Customer Experience Journey Perspektive abgelöst

Literatur

Aaaker, D. A., & Joachimsthaler, E. (2000). *Brand leadership*. New York: Free Press.
Baetzgen, A. (2015). Vom Kontext zur Experience. In A. Baetzgen (Hrsg.), *Brand Experience: An jedem Touchpoint auf den Punkt begeistern* (S. 122–138). Stuttgart: Schäffer Poeschel.
Burmann, C., Halaszovich, T., & Hemmann, F. (2012). *Identitätsbasierte Markenführung: Grundlagen – Strategie -Umsetzung – Controlling*. Wiesbaden: Springer.
Burmann, C., Halaszovich, T., Schade, M., & Piehler, R. (2018). *Identitätsbasierte Markenführung: Grundlagen – Strategie – Umsetzung – Controlling* (3. Aufl.). Wiesbaden: Springer.
Cadonau, H. (2018). Logic & Magic: Customer Journey unter neuen Blickwinkeln. In F. Keuper, M. Schomann & L. I. Sikora (Hrsg.), *Homo Connectus: Einblicke in die Post-Solo-Ära des Kunden* (S. 33–51). Wiesbaden: Springer.
De Swaan Arons, M., van den Driest, F., & Weed, K. (2014). The ultimate marketing machine. *Harvard Business Review, 92*, 1–11.
Deloitte Insights. (2019). 2020 global marketing trends: Bringing authenticity to our digital age. https://www2.deloitte.com/content/dam/insights/us/articles/2020-global-marketing-trends/DI_2020%20Global%20Marketing%20Trends.pdf. Zugegriffen: 3. Nov. 2019.
Diginomica. (2019). How Bosch broke free from silos to reorganize as agile teams. https://diginomica.com/how-bosch-broke-free-from-silos-to-reorganize-as-agile-teams. Zugegriffen: 1. Dez. 2019.
Edelman, D. C. (2013). Branding in the digital age. In *HBR's 10 must reads, on strategic marketing* (S. 15–28). Boston: Harvard Business Review.
Esch – The Brand Consultants. (2012). Customer touchpoint management. In *Berührung mit dem Kunden*. Saarlouis: Eigenverlag.
Fader, P. (2012). *Customer centricity – Focus on the right customers for strategic advantage*. Philadelphia: Steinberg.
Handelsblatt. (2018). Wie große Unternehmen wendig wie ein Start-up werden. https://www.handelsblatt.com/unternehmen/beruf-und-buero/the_shift/agilitaets-labor-wie-grosse-unternehmen-wendig-wie-ein-start-up-werden/22676752.html. Zugegriffen: 1. Dez. 2019.
Homburg, C., Jocić, D., & Kuehnl, C. (2017). Customer experience management: toward implementing an evolving marketing concept. *Journal of the Academy of Marketing Science, 45*, 377–401.
Jentschke, M. (2016). *Innengerichtete Markenführung in Unternehmen mit mehreren Marken – Wirkungen und Determinanten multipler Brand Commitments*. Wiesbaden: Springer.
Jentschke, M., & Rätsch, C. (2019). Wenn Kunde und Agentur sprinten. *Markenartikel, 12*, 71–73.
Jentschke, M., & Theobald, E. (2019). Studie Kundenzentriertes Markenmanagement. https://de.slideshare.net/DrMirjamJentschke/studie-kundenzentriertes-marken-management-03122019. Zugegriffen: 8. Dez. 2019.
Kapferer, J. N. (2002). Corporate brand and organizational identity. In B. Moingeon & G. Soenen (Hrsg.), *Corporate and organizational identities* (S. 175–194). London: Routledge.

Kapferer, J. N. (2012). *The new strategic brand management – Advances insights & strategic thinking.* London: Kogan Page Ltd.

Kreutzer, R. T., & Land, K.-H. (2017). *Digitale Markenführung – Digital Branding im Zeitalter des Digitalen Darwinismus.* Wiesbaden: Springer.

Kruse Brandão, T., & Wolfram, G. (2018). Digital connection. In T. Kruse Brandão & G. Wolfram (Hrsg.), *Digital Connection. Die bessere Customer Journey mit smarten Technologien – Strategie und Praxisbeispiele* (S. 91–107). Wiesbaden: Springer.

McKinsey. (2019). Agile in the consumer-goods industry: The transformation of the brand manager. https://www.mckinsey.com/business-functions/marketing-and-sales/our-insights/agile-in-the-consumer-goods-industry-the-transformation-of-the-brand-manager. Zugegriffen: 1. Dez. 2019.

Meffert, H., & Burmann, C. (2002). Theoretisches Grundkonzept der identitätsbasierten Markenführung. In H. Meffert, C. Burmann & M. Koers (Hrsg.), *Markenmanagement: Identitätsorientierte Markenführung und praktische Umsetzung* (2. Aufl., S. 35–72). Wiesbaden: Springer.

Niederhäuser, M., & Rosenberger, N. (2017). *Unternehmenspolitik, Identität und Kommunikation.* Wiesbaden: Springer.

Peppers, D., & Rogers, M. (2017). *Managing customer experience and relationships: A startegic framework.* Hoboken: Wiley.

Schmid, S. (2014). Die Marke als Redaktion – Überlegungen zu einer Hybridkategorie in der Markenkommunikation im digitalen Zeitalter. In S. Dänzler & T. Heun (Hrsg.), *Marke und digitale Medien* (S. 67–90). Wiesbaden: Springer.

Sharp, B. (2017). *How brands grow – What marketers don't know.* South Melbourn: Oxford University Press.

The Agile Marketing Manifesto. (2012). http://agilemarketingmanifesto.org/. Zugegriffen: 3. Nov. 2019.

Totz, C., & Werg, F. U. (2014). Interaktionen machen Marken – wie die Digitalisierung Interaktionen zum Kern der Markenführung macht. In S. Dänzler & T. Heun (Hrsg.), *Marke und Medien: Der Wandel des Markenkonzepts im 21. Jahrhundert* (S. 113–132). Wiesbaden: Springer.

Zerr, K., Linxweiler, R., & Forster, A. (2017). Kontextsensitives digitales Marketing zur Steigerung des „Value in Context" und Herausforderungen für die digitale Markenführung. In E. Theobald (Hrsg.), *Brand Evolution. Moderne Markenführung im digitalen Zeitalter* (2., vollständig überarbeitete Aufl., S. 167–195). Wiesbaden: Springer.

Kundenzentriertes Markenmanagement umsetzen

4

53 % der Befragten der Studie zu kundenzentriertem Markenmanagement **geben an, dass in ihrem Unternehmen die neuen Anforderungen an das Markenmanagement durch die stärkere Kundenorientierung bekannt sind.** Allerdings hat bislang **nur bei 31 % der Befragten die organisatorische Umsetzung dieser Anforderungen stattgefunden** (Top-Two Box, Jentschke und Theobald 2019). Diese sich ständig ändernden Anforderungen, die von gesellschaftlichen und technologischen Veränderungen ausgehen und in Summe mehr Kundenzentrierung erfordern, machen schnelle und kontinuierliche Anpassungen im Markenmanagement notwendig. So sind 71 % der befragten Experten der Studie zu kundenzentriertem Markenmanagement der Überzeugung, dass Marken heute schneller weiterentwickelt werden müssen, um mit den technologischen und gesellschaftlichen Veränderungen Schritt zu halten. (Top-Two Box, Jentschke und Theobald 2019).

Eine Neuausrichtung des Markenmanagements ist unabdingbar und sie lässt sich erfolgreich umsetzen, wenn die in Tab. 4.1 dargestellten Aspekte berücksichtigt werden. Ein kundenzentriertes Markenmanagement erfordert zunächst ein tiefergehendes Verständnis von potentiellen und existierenden Kunden, das sowohl auf Empathie basiert als auch auf datenbasierten Insights. Mit der Fokussierung auf den Kunden muss das Customer Experience Management, die Steuerung des Kundenerlebnisses, zur Markenaufgabe gemacht werden. Zielsetzung ist es positive Erfahrungen mit der Marke zu schaffen und die Marke-Kunden-Beziehung nachhaltig zu stärken. Im Zentrum der Customer Experience steht die Customer Experience Journey als iteratives Kaufverhaltensmodell, das lineare Funnel-Ansätze ablöst. Marken gelingt es die Customer Experience Journey erfolgreich zu gestalten, wenn sie Kundenbedürfnisse (Gain und Pain Points) und Kaufanlässe entlang der CEJ erkennen, relevante Touchpoints identifizieren

© Springer Fachmedien Wiesbaden GmbH, ein Teil von Springer Nature 2020
E. Theobald und M. Jentschke, *Kundenzentriertes Markenmanagement*,
essentials, https://doi.org/10.1007/978-3-658-28022-2_4

Tab. 4.1 Erfolgsfaktoren kundenzentriertes Markenmanagement

Auf Empathie und Insights basierendes Kundenverständnis
Customer Experience Management zur Markenaufgabe machen
CEJ Mapping: Kundenbedürfnisse und Touchpoints identifizieren
Maßnahmen für relevante Gain- und Pain-Points identifizieren
Identifikation, Klassifizierung und effiziente Steuerung von Touchpoints
Erfolg messen und kontinuierlich Optimierungen vornehmen
Neue Kompetenzen und agile Arbeitsmethoden aufbauen
Persuasion statt Penetration in der Markenansprache umsetzen
Markenstrategie flexibilisieren und kontextbasiertes Handeln stärken

und diese mit mess- und optimierbaren Maßnahmen zu bespielen (CEJ Mapping). Der Identifikation und Klassifizierung von Touchpoints und der effizienten Steuerung der Touchpoints kommt aufgrund der Vielzahl der möglichen Touchpoint-Optionen eine besondere Rolle zu. Die Customer Experience zum Zentrum des Markenmanagements zu machen hat zur Folge, dass neue Kompetenzen im Markenmanagement benötigt werden. Zudem müssen langfristig agile Denk- und Arbeitsweisen, die Flexibilität, Fokussierung und Reaktionsgeschwindigkeit stärken, etabliert werden. Für den Bereich der Markenkommunikation, als maßgeblichen Gestalter der Touchpoints zum Kunden, ergeben sich hieraus weitgreifende Änderungen. Insbesondere muss die Markenansprache durch wechselseitige Dialoge, Interaktionen und Personalisierung überzeugen, statt einseitige Werbebotschaften in die breite Masse zu tragen. Markenstrategien müssen künftig auch indirekt steuerbare Kontextfaktoren wie Situation und Umfeld berücksichtigen. Starre Positionierungen müssen Prinzipien weichen, die die Kohärenz der Markenwahrnehmung in den Vordergrund stellen. Insgesamt ist die Aufgabe starrer markenstrategischer Vorgaben zugunsten eines situativen, auf die Customer Experience fokussierten, und schnell greifenden Markenmanagements erfolgversprechend.

Kundenzentrierung im Markenmanagement geht mit einer Flexibilisierung einher. Markenmanagement war lange Zeit von einer kontinuierlichen und konsistenten Top-down Durchsetzung einer Ziel-Markenidentität geprägt. Dieses Paradigma zu durchbrechen, Relevanz und Kohärenz in den Vordergrund zu stellen und den persönlichen und umfeldbezogenen Kontext von Kunden zu berücksichtigen, erfordert ein Bottom-up Denken und wird eine zentrale Aufgabe und Herausforderung des Markenmanagements in den nächsten Jahren sein.

Literatur

Jentschke, M., & Theobald, E. (2019). Studie Kundenzentriertes Markenmanagement. https://de.slideshare.net/DrMirjamJentschke/studie-kundenzentriertes-marken-management-03122019. Zugegriffen: 8. Dez. 2019.

Was Sie aus diesem *essential* mitnehmen können

- Markenmanagement muss sich neu ausrichten, um dem wachsenden Einfluss der Kunden zu begegnen und Kunden langfristig zu binden.
- Die Befragung zu kundenzentriertem Markenmanagement zeigt, dass Unternehmen diese Herausforderung der Neuausrichtung erkannt haben, allerdings gibt es derzeit noch große Umsetzungslücken.
- Eine Flexibilisierung der Markenstrategie sowie die Ausrichtung des Markenmanagements an der Customer Experience Journey sind hier erfolgsversprechende Ansätze.
- Zudem müssen neue Kompetenzen wie die der Datenanalyse im Markenmanagement verankert werden und es muss eine Reorganisation des Markenmanagements hin zu interdisziplinären Teams stattfinden, die agil aufgestellt sind.

© Springer Fachmedien Wiesbaden GmbH, ein Teil von Springer Nature 2020　　53
E. Theobald und M. Jentschke, *Kundenzentriertes Markenmanagement,*
essentials, https://doi.org/10.1007/978-3-658-28022-2